Sepp Wejwar

Checklisten Weinmarketing

Eine Anleitung zum Erfolg

avBUCH

Abbildungsnachweis

Umschlag: redeleit & friends
(www.redeleit.de)

Impressum

© 2008 Österreichischer Agrarverlag
Druck- und Verlagsges.m.b.H. Nfg. KG
Sturzgasse 1A, A-1141 Wien
E-Mail: buch@avbuch.at
Internet: www.avbuch.at

Die Deutsche Bibliothek – CIP-Einheitsaufnahme
Die Deutsche Bibliothek verzeichnet diese Publikation in der Deutschen Nationalbibliografie; detaillierte bibliografische Daten sind im Internet über http://dnb.ddb.de abrufbar.

Das Werk ist einschließlich aller seiner Teile urheberrechtlich geschützt. Jede Verwertung außerhalb der engen Grenzen des Urheberrechtsgesetzes ist ohne Zustimmung des Verlages unzulässig und strafbar. Das gilt insbesondere für Vervielfältigungen, Übersetzungen, Mikroverfilmungen und die Einspeicherung und Verarbeitung in elektronischen Systemen.

Für die Richtigkeit der Angaben wird trotz sorgfältiger Recherche keine Haftung übernommen.

Projektleitung: Brigitte Millan-Ruiz, avBUCH
Redaktion: Sarah Legler, Wien
Umschlag, Satz- und Bildreproduktion: Hantsch & Jesch OG, Wien
Druck und Bindung: Landesverlag Denkmayr, Linz

Printed in Austria

ISBN 978-3-7040-2298-1

Inhalt

Gebrauchsanleitung	4

1. Voraussetzungen schaffen — 5

1.1 Wer soll meine Weine kennen? — 5
    Checkliste zur Zielgruppenbildung — 6
1.2 Auffallen – um jeden Preis? — 8
    Checkliste zum „Auffallen" — 9
1.3 Was mache ich wann? — 10
    Checkliste zur Marketingplanung — 11

2. Tatsachen schaffen — 12

2.1 Mein Markenname — 12
    Checkliste zum Markennamen — 13
2.2 Mein Image — 15
    Polaritätenprofil zum Image — 16
    Checkliste zum Image — 18
2.3 Mein Auftritt – Mein Corporate Design — 18
    Checkliste zum Corporate Design — 19

3. Produkte gestalten – Meine Weine — 22

3.1 Das Etikett — 22
    Checkliste zum Etikett — 23
3.2 Die Verpackung — 24
    Checkliste zur Verpackung — 25

4. Service und Kundenbindung — 27

4.1 Meine Dienstleistungen — 27
    Checkliste zu den Dienstleistungen — 28
4.2 Meine Adressdatei — 29
    Checkliste zur Adressdatei — 30
4.3 Mein Kontakt mit meinen Kunden — 32
    Checkliste zum Kundenkontakt — 34

5. Ich gestalte meine Werbung — 36

5.1 Mein Schriftbild — 36
    Checkliste zum Schriftbild — 37
5.2 Mein Foto — 39
    Checkliste zum Foto — 42

6. Ich gestalte meine Werbemittel — 44

6.1 Mein Weingutprospekt — 44
    Checkliste zum Prospekt — 46
6.2 Mein Plakat — 47
    Checkliste zur Plakatgestaltung — 49
6.3 Mein Inserat — 52
    Checkliste zur Inseratgestaltung — 54

7. Meine Verkaufsräume — 56

7.1 Mein Kostraum — 56
    Checkliste zur Kostraumgestaltung — 57
7.2 Meine Homepage — 58
    Checkliste zur Websitegestaltung — 59
7.3 Mein Online-Verkauf — 60
    Checkliste zum Online-Verkauf — 61

8. Meine Pressearbeit — 64

8.1 Meine Journalisten-Datei — 64
    Checkliste zur Journalisten-Datei — 65
8.2 Meine Presseaussendungen — 66
    Checkliste zur Presseaussendung — 67
8.3 Mein Pressetext — 68
    Checkliste zum Pressetext — 69

9. Meine Veranstaltung — 71

9.1 Was möchte ich veranstalten? — 71
    Checkliste zur Art der Veranstaltung — 72
9.2 Wen lade ich ein? — 73
    Checkliste zur Gästeliste — 74
9.3 Was darf ich nicht vergessen? — 75
    Checkliste zur Veranstaltungsplanung — 76

Gebrauchsanleitung

Winzerpraxis – der Titel der Reihe übt großen Einfluss auf das einzelne darin erscheinende Werk aus: Hier wird nicht theoretisiert, sondern aus der und für die Praxis geschrieben. Natürlich muss bei der vorgegebenen Seitenzahl auch eine – sehr enge – Auswahl getroffen werden. Um einigermaßen vollständig zu sein, bräuchte ein Titel dieser Art an die 1.000 Seiten. Aber würde er dann gekauft und genutzt werden?

Nehmen Sie eine Checkliste her und arbeiten Sie drauflos. Nehmen Sie die Liste zum Anlass, selbst über das Projekt nachzudenken, ergänzen Sie sie, schaffen Sie sich eigene, für Ihren Betrieb spezifische.

1974 wurde ich an der Universität für Bodenkultur, Studienrichtung Landwirtschaft, immatrikuliert, so „nebenbei" habe ich an den Abenden „Werbung und Verkauf" studiert. Nun bin ich seit 30 Jahren Marketingmann, zunächst in Unternehmen, seit nunmehr 18 Jahren als Unternehmer. Mit dem Wein verbindet mich vor allem eine sehr emotionale Beziehung, die sich auch in journalistischer Arbeit und in der Marketingunterstützung von Weingütern ausdrückt. Es ist auch eine Funktion des Alters, dass man Wissen weitergeben will. Ich danke der Werbeakademie, dass sie mir seit fast zehn Jahren dazu Gelegenheit bietet. All das zusammen hat zunächst zu einer Kolumne in der Zeitschrift *Der Winzer* geführt und findet nun einen Höhepunkt in diesen Checklisten. Ich hoffe sehr, sie helfen Ihnen dabei, wirtschaftliche Erfolge zu erzielen.

Wien, im Juni 2008

Sepp Wejwar

1. Voraussetzungen schaffen

1.1 Wer soll meine Weine kennen?

„Ich esse gerne Erdbeertörtchen. Aber wenn ich einen Fisch fangen will, hänge ich einen Wurm an die Angel." So lautet der alte Spruch eines amerikanischen Werbers. Auch Sie werden das Richtige an die Angel hängen, wenn Sie wissen, wer Ihre Zielpersonen sind. Menschen mit unterschiedlichen Interessen und Vorlieben wollen auf verschiedene Weise angesprochen werden.

Es ist nicht einfach, aus der „Absender-Mentalität" auszubrechen. Die meisten von uns reden sehr gerne darüber, was IHNEN wichtig ist, worauf SIE stolz sind, was SIE gemacht haben. Das kann alles spannend sein. Dennoch ist es gescheiter, sich darüber den Kopf zu zerbrechen, was die ZUHÖRER interessieren mag. Dazu müssen Sie Ihre Zielgruppen kennen. Das ist gar nicht so schwer. Auch Ihre Mitbewerber kommunizieren. WIE sie das tun, ist für Sie interessant. Denn Sie sollten es anders machen, um sich vom Mainstream abzuheben.

Zielgruppen für Weingüter

Gruppen von Personen mit ähnlichen Eigenschaften, Interessen etc. nennt man „Cluster". Die wichtigsten Cluster für Weinbaubetriebe sind:

Kunden
– Einzelabnehmer
– Händler
– Gastronomie

Diese Sub-Cluster können jeweils auch wieder
unterteilt werden in:
– Erst- oder Einmalkäufer
– Stammkunden
– „Prospects" – Personen, die mit hoher Wahrscheinlichkeit
  kaufen werden
– Ex-Kunden

Öffentliche Meinung
- Fachjournalisten
- Presse, allgemein
- Meinungsführer (Standesvertreter, wichtige Entscheidungsträger)

- Lieferanten und andere Geschäftspartner
- Wein-Interessenten (Weinakademiker, Weinliebhaber, Sommeliers)
- Freunde und Familienmitglieder
- Mitarbeiter und deren Angehörige

Fassen Sie die unterschiedlichen Gruppen auf maximal drei bis vier Cluster mit ähnlichen Interessen zusammen. Mit diesen drei bis vier Clustern können Sie gut arbeiten. Stimmen Sie Ihren Kommunikationsstil und die Frequenz der Maßnahmen auf diese Cluster ab.

Zielgruppenspezifische Informationen

Jede einzelne Gruppe hat unterschiedliche und unterschiedlich intensive Gefühle für Ihren Betrieb. Stammkunden und Familienmitglieder werden sich wahrscheinlich freuen, wenn Sie etwas von Ihnen hören. Meinungsführer lesen Ihre Botschaft vermutlich nicht mit der gleichen Emotionalität, falls Sie nicht bereits Stammkunden Ihres Weingutes sind.

Stimmen Sie daher Ihre Botschaften auf die Zielgruppen ab.

Checkliste zur Zielgruppenbildung

Überlegung:	Antwort(en), checked!
Wer sind meine Zielgruppen?	○ Einzelabnehmer ○ Erst- oder Einmalkäufer ○ Stammkunden ○ Prospects ○ Ex-Kunden ○ Händler 　○ Erst- oder Einmalkäufer 　○ Stammkunden

	○ Prospects
	○ Ex-Kunden
	○ Gastronomie
	   ○ Erst- oder Einmalkäufer
	   ○ Stammkunden
	   ○ Prospects
	   ○ Ex-Kunden
	○ Fachjournalisten
	○ Presse, allgemein
	○ Meinungsführer
	○ Lieferanten, Geschäftspartner
	○ Wein-Interessenten
	○ Freunde und Familienmitglieder
	○ Mitarbeiter und deren Angehörige
	
	=> Fassen Sie die angekreuzten Cluster in drei bis vier Cluster zusammen.

Welche speziellen Interessen haben meine Zielgruppen?	Neben den Informationen über Weingut, Weine, Weinbau, Winzerfamilie, Auszeichnungen etc., die für alle Zielgruppen interessant sind, gibt es folgende Spezialinteressen:
	
	Stammkunden:
	  ○ Hinweis auf Veranstaltungstermine
	  ○ Informationen über besondere Aktionen wie zum Beispiel Subskription, Rabatt bei Kauf größerer Mengen
	
	Händler:
	  ○ Verfügbarkeiten (ab wann ist eine Lieferung möglich, gibt es ausreichend Ware oder ist sie knapp und muss deshalb rasch entschieden werden), Fakten
	  ○ Restposten, die günstig zu erwerben sind.
	  ○ Kommunikationsmaßnahme, mit der Sie sich an die jeweilige Zielgruppe richten.
	
	Gastronomie (wie Händler), zusätzlich:
	  ○ Verfügbarkeiten evtl. auch älterer Jahrgänge, z. B. trinkreife Reserven

> Journalisten:
> - Viele Fakten
> - Informationen über leichten und schnellen Zugang zu (druckfähigem) Bildmaterial
> - Möglichkeit, ein Kostmuster anzufordern
> - Handynummer für rasches, problemloses Nachfragen

1.2 Auffallen – um jeden Preis?

„Resist the usual" – „Widerstehe dem Gewöhnlichen". Das Motto einer seit Jahrzehnten erfolgreichen internationalen Werbeagentur ist ein wertvoller Leitsatz, auch im Weinbau. Wer nur auf ausgetretenen Pfaden wandelt, darf sich nicht wundern, dass er übersehen wird oder in der Menge untergeht. Erfolgreiches Marketing arbeitet grundsätzlich mit Auffälligkeit. Es ist eine Frage des Stils, mit welchen Mitteln jemand auf sich aufmerksam macht. Wichtig ist, dass ein Akzent gesetzt wird, der nicht zu übersehen ist.

Ungewöhnlicher Verschluss

Wenn heute jemand seinen Spitzenwein mit einem Stelvin verschließt, dann ist das überaus sinnvoll – aber es fällt nicht mehr auf. Als ein Kamptaler Winzer vor ein paar Jahren seine drei großen Reserven erstmals mit dem Drehverschluss ausgestattet hatte, gab es einen Riesenskandal. Und sehr viel positives Echo. Er hat Kunden verloren und weit mehr dazu gewonnen. Wer traut sich über Stainless Cap?

Ungewöhnliche Verpackung

Zwei Spitzenwinzer aus dem Weinviertel haben den TOP-LER erfunden – einen ganz hervorragenden Veltliner, den sie in die bewährte „Austromagnum" füllen. Ein einfacher sprachlicher Kniff und der Klang des Wortes, welches landläufig das gegenständliche Gebinde bezeichnet, ist mit einem Hinweis auf die Spitzenqualität des Inhalts verbunden: TOP-LER. Der Umkehrschluss ist vollzogen: Wein vom Besten kommt nur in die Zweiliterflasche. Die Resonanz der Medien auf eine einzige Presseaussendung war phänomenal. So gut der Veltliner im TOP-LER auch ist, wenn er „Ried XYZ" genannt und einfach in eine ganz normale Flasche abgefüllt worden wäre, hätte er niemals diese Aufmerksamkeit erzielt.

Ungewöhnliche Verkostung

Ein burgenländischer Winzer setzte auf der VieVinum Bodypainting ein: Zwei Damen wurden in einer fünfstündigen Aktion mit dem attraktiven Etikettendesign bemalt. Der frühere Profi-Bodybuilder fiel, derart flankiert, auf der heimischen Weinmesse Nummer eins doch ziemlich auf. Er sagte: „So viele hier machen hervorragenden Wein. Ich ja auch. Aber ich hab mir gedacht – ich muss noch etwas zusätzlich machen, um auf MEINEN Wein aufmerksam zu machen. Manche waren ein bisserl schockiert. Aber den meisten hat es gefallen." Das Medienecho war jedenfalls enorm.

Checkliste zum „Auffallen"

Überlegung:	Antwort(en), checked!
Stoße ich mit meinen Plänen auf Kritik?	○ Nein ○ Ja, ich überlege mir den Plan noch einmal im Detail und diskutiere ihn mit Vertrauten. ○ Ja, aber es wird immer Leute geben, die das, was ich vorhabe, ablehnen – ganz egal, um welche Idee es sich handelt.
Kann ich mir die Umsetzung meiner Idee(n) leisten?	○ Die Umsetzung meiner Pläne kostet ca. … ○ Ja, meine Pläne sind finanzierbar. ○ Im Moment nicht. Ich verschiebe den Plan, denn halbherzige oder unprofessionelle Umsetzung schadet nur. ○ Der Plan wird verschoben auf … Bis zu diesem Zeitpunkt sollte er finanzierbar sein.
Habe ich die Idee von jemand anderem übernommen?	○ Die Idee ist nicht 1:1 abgekupfert – sie wurde kreativ weiterentwickelt.
Habe ich Expertise eingeholt?	○ Ja ○ Nein

1.3 Was mache ich wann?

„I waas zwoa ned, wo i hifoa, dafia bin i gschwinda duat." („Ich weiß zwar nicht, wo ich hinfahre, dafür bin ich schneller dort.") Helmut Qualtinger singt die Zeile in seinem legendären Lied vom „Wüdn mit seina Maschin" und trifft damit sehr pointiert, wie manchmal vorgegangen wird: Einfach mal drauflos, irgendwas wird schon dabei herauskommen. Im Laufe von 30 Jahren Praxis habe ich sehr oft beobachtet, wie auch in der Marketingarbeit haargenau so vorgegangen wurde. Planung ist nach wie vor eine seltene Tugend. Viel häufiger kommt es vor, dass man „einen Prospekt machen will" oder „eine neue Website braucht, weil alle anderen auch schon eine haben." Gelegentlich wird dabei instinktiv, oder weil man dem Mainstream folgt, eine Maßnahme gestaltet, die auch gewissen Erfolg zeitigt. Aber man wird nie erfahren, was man mit demselben Aufwand hätte erreichen können, hätte man richtig gezielt.

Klare Ziele setzen

Wissen, wo man hin will, hat nicht nur Auswirkungen auf alles, wofür man sein Marketingbudget ausgibt. Ein Ziel zu haben ist auch ein psychologischer Vorteil. Ihr Ziel wirkt sich massiv auf Sie selbst aus. Je konkreter die Vorstellung von der persönlichen oder betrieblichen Zukunft ist, desto eher wird man seine Ziele erreichen. Dann geht es gar nicht mehr nur um Marketing, sondern um die Qualität des Betriebes und Lebensqualität. Es lohnt sich also, mit der langfristigen Planung zu beginnen. Dabei ist auch die Fristigkeit genau festzulegen. Etwa so: Langfristige Ziele sind in sieben Jahren zu erreichen, mittelfristige in drei bis vier Jahren und kurzfristige Ziele stecken Sie sich für die nächsten zwölf Monate.

Planen mit Zahlen

Für alle Planungen gilt, dass unbedingt eine quantitative Zielformulierung anzustreben ist. Worte haben dehnbare Bedeutung: Eine Zielformulierung wie „Ich will mittelfristig zu den besten Betrieben des X-Tales gehören" ist nicht sehr hilfreich. Zu den Besten worin? Wie groß ist die Anzahl der Besten? Wie viele Jahre bedeutet „mittelfristig"?

Beginnen Sie damit, sich Zielbilder auszumalen und überlegen Sie sich dafür sehr konkrete Formulierungen. Etwa so: „Mein Betrieb soll innerhalb von fünf Jahren zu den drei am besten bewerteten Weingütern meines Anbaugebietes gehören. Die Messung erfolgt anhand der Bewertungen der fünf führenden Weinguides." (langfristig); „Beim nächsten Tag der offenen Kellertür im Rahmen der Veranstaltung X sollen 150 Besucher kommen." (kurzfristig); „Mein Weingut bzw. einer meiner Weine soll ab kommendem Jahr wiederkehrend, d. h. mindestens dreimal pro Jahr, in Nicht-Fachzeitschriften erwähnt werden." (mittelfristig). Anhand der formulierten Ziele lässt sich dann besser planen, welche Schritte zu setzen sind, um diese Ziele Schritt für Schritt zu erreichen.

Checkliste zur Marketingplanung

Überlegung:	Antwort(en), checked!
Welche kurzfristigen Ziele stecke ich mir (für die nächsten zwölf Monate)?	○ In Bezug auf meine Kunden ○ In Bezug auf meine Medienpräsenz ○ In Bezug auf Auszeichnungen, Bewertungen ○ Sonstiges
Welche mittelfristigen Ziele stecke ich mir (für die nächsten drei Jahre)?	○ In Bezug auf meine Kunden ○ In Bezug auf meine Medienpräsenz ○ In Bezug auf Auszeichnungen, Bewertungen ○ Sonstiges
Welche langfristigen Ziele stecke ich mir (für die nächsten sieben Jahre)?	○ In Bezug auf meine Kunden ○ In Bezug auf meine Medienpräsenz ○ In Bezug auf Auszeichnungen, Bewertungen ○ Sonstiges

2. Tatsachen schaffen

2.1 Mein Markenname

Markennamen sind alles andere als „nur Schall und Rauch" für den Marketingerfolg, vielmehr sind sie dafür entscheidend. Gerne wurden und werden sie von den Namen der Eigentümer (Veuve Clicqout) oder von Erfindern (Dom Pérignon) abgeleitet. Auch sie haben ihren Namen als Marke gestiftet: die Brüder **Renault**, Enzo Anselmo **Ferrari**. Ein anderer Markenstifter gleichen Nachnamens, Giulio **Ferrari**, hat sich Ende des 19. Jahrhunderts in den Kopf gesetzt, Trentiner Schaumweine herzustellen, die mindestens so gut sind wie jene aus der Champagne. Eine ganz berühmte Marke stiftete **Mercedes** Jellinek. Ihr Vater hatte im Jahr 1900 bei der Gottlieb-Daimler-Gesellschaft 36 Fahrzeuge bestellt.

Das unverwechselbare Weingut

Weingüter, die nach dem Winzer oder der Winzerin benannt sind, tun gut daran, sich auf den Familiennamen zu beschränken, sonst sind Missverständnisse unvermeidlich – etwa, wenn Junior längst übernommen hat, das Weingut aber immer noch nach dem Vater heißt. Bei sehr gebräuchlichen Familiennamen ist die Wahl einer anderen Marke, z. B. „XYZ-Haus" – eine Abbildung des Hauses kann in das Markenbild integriert werden oder ziert vielleicht bereits das Etikett – für das Weingut eine überlegenswerte Variante.

Auch Akronyme – das sind Abkürzungen, die etwa aus Anfangsbuchstaben von Namen und/oder Orten gebildet wurden – werden geschätzt.

Keine Zungenbrecher

Das Wichtigste an der Bildung eines Markennamens ist seine „Flüssigkeit". Das bezieht sich ausnahmsweise nicht auf den Wein, sondern auf die Konstruktion des Wortes. Auf keinen Fall darf sich etwas „sperren". Der Name muss ganz leicht auszusprechen sein. Wenn Sie sagen können „Das geht gut von den Lippen", dann ist der Erfolg wahrscheinlich. Das können Sie einfach überprüfen, indem Sie alltägliche Sätze formulieren und Ihre neue Marke dort einbauen.

Für eine Weinbar in Wien habe ich das folgendermaßen gemacht:
– (Telefon): „Servus Andi! Treffen wir uns heut um fünf im Tinto-Rosso?"
– (ebenso): „TintoRosso, guten Tag."
– „Wenn im Weinfreund kein Platz ist, dann schauen wir ins Tinto-Rosso!"

Oder bei einem Wein:
– „Ich hätte gern ein Achtel Per Due"
– „Habts ihr noch ein paar Flascherln Per Due?"
– „Der heurige Jahrgang Per Due ist noch nicht abgefüllt."

Erst wenn diese oder ähnliche Sätze ganz selbstverständlich klingen und die neue Bildung auch nach ein paar Tagen noch nicht „peinlich" oder „kleinlich" wirkt, und wenn das Ganze auch noch „flüssig" und „angenehm" auszusprechen ist, können Sie sich trauen, damit weiterzuarbeiten.

Checkliste zum Markennamen

Überlegung:	Antwort(en), checked!
Ist meine Marke gut? Brauche ich eine neue, andere?	○ Ich baue ein neues Weingut auf. ○ Meine Marke passt nicht (mehr) zum Weingut. ○ Wegen Generationenwechsel im Weingut ist eine neue Marke notwendig. ○ Ich ziehe eine zweite Schiene auf – dafür brauche ich eine neue Marke. ○ Es gibt immer wieder Verwechslungen mit anderen Weingütern. ○ Meine Marke ist nicht gut kommunizierbar.
Wo möchte ich meine Marke positionieren?	○ Im Topsegment ○ In der Mittelklasse ○ In der breiten Masse

Wo will ich mit meiner Marke hin?	○ In den regionalen Markt ○ In den nationalen Markt ○ In den internationalen Markt
Welche Markennamen fallen mir ein?	○ Name des Weingutes ○ Name aus Vor- und Nachnamen ○ Akronym ○ Name aus „Haus" etc. und Name des Weingutes ○ Name aus „gewachsener" Bezeichnung (z. B. „Weinrieder" war im Dorf der Rieder mit dem Wein im Unterschied zu anderen Rieder-Namensträgern) ○ Name aus Ortsbezeichnung ○ Name aus Weinphilosophie (z. B. die „trockenen Schmitts") ○ Reiner Kunstname
Sind die Ideen brauchbar?	○ Die Marke hat mehr Selbstlaute (Vokale) als Mitlaute. ○ Die Marke ist kurz. ○ Die Marke hat einen guten Rhythmus. ○ Die Marke ist leicht und angenehm auszusprechen. ○ Die Marke ist nicht bereits vergeben. ○ Die Marke entspricht meinem Image (siehe nächstes Kapitel). ○ Wort und Bild passen gut zusammen. ○ Die Wort-Bild-Marke passt zu meinen Weinen. ○ Die Wort-Bild-Marke sieht auch in Texten (Inseraten, Plakaten) gut aus. ○ Die Marke hält dem „Alltagssätze formulieren"-Test stand. ○ Die Marke ist gut wieder erkennbar und unterscheidbar von anderen. ○ Die Marke gefällt Testpersonen (Freunde, Bekannte, Mitarbeiter, Kunden etc.). ○ Die Marke gefällt mir auch nach 14 Tagen noch.

2.2 Mein Image

„Der Winzer A hat ein gutes Image." Es wird kaum jemanden geben, der diesen Satz nicht richtig versteht. Aber was genau ist damit gemeint? Image heißt wörtlich übersetzt nichts anderes als „Bild", meint in unserem Zusammenhang jedoch das Vorstellungsbild, das durch das Bündel an Erwartungen entsteht, die mit einem Gegenstand oder einer Person verbunden werden. Es ist das Erscheinungsbild, das unser „Winzer A" in der öffentlichen Meinung genießt. Das Image wird häufig mit realen Faktoren wie Qualität oder Sympathie in Beziehung stehen, es muss aber nicht zwangsläufig auf Tatsachen beruhen. Welches Image etwa ein Weingut bei Weingenießern hat, wird in hohem Maße von den Kommunikationsmaßnahmen des Weingutes selbst bestimmt. Das beginnt beim Verhalten in persönlichen Gesprächen und endet bei der Gestaltung von Werbemaßnahmen wie einer Website oder eines Prospektes.

Machen Sie Ihr Image

Der erste Schritt zum guten Image ist seine Konstruktion. Setzen Sie sich hin und schreiben Sie Begriffe und Gedanken auf, die Ihrem Publikum einfallen sollen, wenn Sie Ihren Namen hören. Notieren Sie zumindest Stichworte, besser aber ganze Sätze. Wenn Sie beispielsweise wollen, dass Ihr Betrieb „jung und dynamisch" wirkt, dann wird Ihr Corporate Design (siehe Kapitel 2.3, Seite 18) anders aussehen, als dann, wenn Sie ihm die Imagefaktoren „arriviert und erfahren" zuordnen. Formulieren Sie die Konstruktion Ihres Wunsch-Images so konkret wie möglich. Die obigen Beispiele alleine wären viel zu banal und austauschbar. Ergänzen Sie sie durch einen Satz wie „Wenn jemand an Riesling denkt, muss ihm sofort mein Name einfallen."

Bloß keine Bescheidenheit

Vergessen Sie beim Imageaufbau Ihre gute Erziehung, also Ihre Bescheidenheit. Wer einer der besseren Winzer aus dem X-Tal sein will, wird das auch werden. Wer aber nach den Sternen greifen will, muss sie zuerst einmal aufhängen, und zwar nicht an der Garderobe – am Himmel. Bitte bedenken Sie immer, dass Image keine Zusammenfassung von mess- oder beweisbaren Faktoren ist. Es setzt sich aus Gefühlen zusammen. Emotionen spielen in der Bewertung von Meinungsgegenständen und bei Kaufentscheidungen eine weit größere Rolle als rationale Überlegungen. „Stars" machen nicht einfach einen ausgezeichneten Wein – manche machen nicht einmal einen sehr guten – aber sie haben gewiss ein auffälliges Image, manchmal nicht einmal ein sehr gutes.

Das Image ist einer der wichtigsten Einflussfaktoren auf den wirtschaftlichen Erfolg. Wer ein starkes Image hat, wird am Tag der offenen Kellertür überrannt, während ein paar Häuser weiter ein Winzer seine gleich guten Weine alleine kosten muss. Über so manchen Winzer habe ich seufzen hören, er sei „halt lieber im Keller, als bei den Leuten". Ein weit verbreiteter Irrtum kostet zahlreiche Weingüter viel Geld. Er lautet: „Wenn ich auf die Qualität schaue und den besten Wein der Welt mache, dann kommen die Kunden schon von alleine."

Polarisieren Sie ruhig

In diesem Kapitel finden Sie zusätzlich zur Checkliste ein Polaritätenprofil: Gegensätzliche Eigenschaftspaare stehen am Ende je einer Linie. Notieren Sie auf der Linie mit einer Farbe jenen Punkt, wo Sie sich Ihrer Einschätzung nach befinden und mit einer anderen Farbe jenen Punkt, der Ihr Image charakterisieren soll. Sie sehen dann sehr deutlich, in welchen Bereichen Sie an Ihrem Image arbeiten müssen. Und Vorsicht: Wer seine Punkte überall in die Mitte malt, wird ganz sicher keinen Erfolg haben.

Bitte beachten Sie, dass es ein Gesamtimage Ihrer Produktrange gibt. Auch wenn Sie sowohl leicht-fruchtige als auch schwere, gehaltvolle Weine anbieten (viele Betriebe führen beides), bei der Festlegung des Wunschimages zählt nur, welche Weine ihr Image bilden sollen. Vielleicht ergibt sich nach erfolgreicher Umsetzung einmal die Frage, ob jene Produkte, die für das Weingut scheinbar nicht so typisch sind, entfallen sollen, oder ob sie unter einer anderen Marke weiter geführt werden sollen.

Polaritätenprofil zum Image

Überlegung:	Antwort(en), checked!
Wie soll das Weingut	Jung ---x---x---x--- Alt Traditionell ---x---x---x--- Progressiv

gesehen werden?	Große Zukunft ---x---x---x--- Große Vergangenheit Monochrom ---x---x---x--- Bunt Schlachtschiff ---x---x---x--- Schnellboot Erfahren und arriviert ---x---x---x--- Jung und dynamisch Innovativ ---x---x---x--- Konservativ Familiär ---x---x---x--- Urban
Wie sollen meine Produkte gesehen werden?	Biodynamisch ---x---x---x--- Klassisch Umfassendes Sortiment ---x---x---x--- Pointiertes Sortenprofil Gotisch ---x---x---x--- Barock Transparent ---x---x---x--- Verschlüsselt Gut und günstig ---x---x---x--- Teuer, aber gut Leicht und fruchtig ---x---x---x--- Schwer und gehaltvoll Filigran ---x---x---x--- Wuchtig
Wie soll die Winzerpersönlichkeit (das Winzerpaar) gesehen werden?	Warmherzig ---x---x---x--- Cool Laut ---x---x---x--- Leise Nahe, angreifbar ---x---x---x--- Rar, distanziert Solid ---x---x---x--- „Stylish" Offen ---x---x---x--- Geheimnisvoll Heiter ---x---x---x--- Ernst Bodenständig ---x---x---x--- Intellektuell
Wofür stehe ich?	Bilden Sie einen Satz, der für das Image, für die Sicht auf Ihren Betrieb gelten soll. Je konkreter und eigenständiger, desto besser: _____ _____ _____ _____

Checkliste zum Image

Überlegung:	Antwort(en), checked!
Entspricht das Image dem Wunschimage?	○ Ja ○ Nein, an folgenden Imagefaktoren soll gearbeitet werden: 　○ Weingutimage, und zwar ... 　○ Produktimage, und zwar ... 　○ Persönlichkeitsimage, und zwar ...
In welchen Bereichen muss etwas verändert werden, um sich dem Wunschimage anzunähern?	○ An der Marke ○ Am Weinnamen ○ An der Grafik (Etikett, Logo) ○ An Kommunikationsmitteln (Prospekt, Website) ○ An der Verpackung (Flasche, Verschluss, Kartons) ○ In der Preisgestaltung ○ An den Baulichkeiten (Kostraum) ○ Bei Veranstaltungen ○ In der Vinifikation ○ In den Kommunikationsmustern des Winzer(paare)s

2.3 Mein Auftritt – Mein Corporate Design

„Werbeerfolg ist Lernerfolg". Je öfter ein Inhalt wiederholt wird, desto größer wird der Erfolg sein. Denn mit jedem einzelnen Reiz (Etikett, Hinweisschild, Plakat etc.) stehen wir in Konkurrenz zu allen anderen Reizen. „Corporate Design" (CD) bezeichnet das einheitliche Erscheinungsbild. Seine strenge Anwendung hilft, Geld zu sparen.

Einheitlichkeit ist nicht langweilig

Uneinheitlichkeit hat vor allem eines zur Folge: Ihre Botschaft bleibt unter der Aufmerksamkeitsschwelle, das Werbegeld wird zum Fenster hinausgeworfen. „Corporate Identity" (CI) wird häufig mit CD verwechselt. Dabei ist die Hierarchie dieser beiden Begriffe logisch. Die Identität, also das, was ein Weingut „ist", ist wichtiger. CD drückt dieses Sein gestalterisch aus. Das CD ist demnach der sinnliche Ausdruck der CI. Es macht Eigenschaften und Vorzüge Ihres Betriebes spürbar, sichtbar, hörbar, riechbar. Auch Ihre Produkte, die – hoffentlich – intensiv riechen, sind Bestandteil Ihres CDs. Die grafischen Komponenten dienen auch der Wiedererkennbarkeit. Ein CD sollte auch „praktisch" gestaltet werden. Manche wählen bewusst eine schwierige Gestaltung. Dazu gehören zum Beispiel „komplizierte" Farben, etwa Metalltöne wie Gold. Solche Farben sind nur aufwändig zu produzieren und können in manchen Medien (Website) gar nicht wiedergegeben werden. Will man sich derart von anderen abheben, muss der Effekt mindestens den Aufwand wert sein.

Checkliste zum Corporate Design

Überlegung:	Antwort(en), checked!
Habe ich mein CD für alle Sinne gestaltet?	○ Optisch (den Sehsinn betreffend) ○ Akustisch (den Hörsinn betreffend) ○ Haptisch (den Tastsinn betreffend) ○ Olfaktorisch (den Geruchssinn betreffend) ○ Gustatorisch (den Geschmackssinn betreffend)
Welche Bestandteile gehören zu einem CD?	○ Das Logo des Weingutes ○ Die Farben des Weingutes ○ Die Schrift(en) des Weingutes ○ Der Bildstil bei Fotografien ○ Grafische Grundmuster, etwa eine Seite Text oder eine Anzeige betreffend ○ Standmuster (welches grafische Element steht an welcher Stelle in einem Layout?) ○ Griffmuster (Papier für den Druck) ○ Sonstige haptische Festlegungen ○ Gibt es Geruchsmerkmale meiner Produkte, die als typisch für mein Weingut angesehen werden können? ○ Gibt es Geschmacksmerkmale meiner Produkte, die als typisch für mein Weingut angesehen werden können?

Das Logo des Weingutes:	○ Ist es leicht erkennbar (auch von Weitem)? ○ Ist es einzigartig (nicht dem eines Mitbewerbers zu ähnlich)? ○ Ist es, rechtlich betrachtet, einzigartig? (Copyrights) ○ Ist es zeitlos? (Logos sollten im Allgemeinen nicht zu oft durch ein neues ersetzt werden). ○ Gibt es in Form und Farbe den Kern der CI wieder?
Verwendungsarten des Logos:	○ Auf weiß ○ Auf schwarz oder sehr dunkel, z. B. negativ oder in einem Kasten ○ Auf anderen Farben ○ Im Schwarz-Weiß-Druck ○ Muss es immer an einer bestimmten Stelle stehen (etwa mittig oder rechts oben)? ○ Mindestgröße? ○ Maximale Größe? ○ Größenrelation zu anderen Elementen?
Die Farben des Weingutes:	○ Sie müssen genau definiert werden.
Gängige Farbcodes:	○ Pantone ○ CMYK (definiert durch die Anteile der Farben Cyan, Magenta, Yellow und Kontrast = Schwarz) ○ RGB (definiert durch die Anteile, die die Farben Rot, Gelb und Blau an unserer Farbe haben) ○ Früher: RAL = Reichsausschluss für Lieferbedingungen
Was alles soll dem CD entsprechen?	○ Briefausstattung (Briefpapier, Kuvert, Visitenkarten etc.) ○ Werbemittel (Anzeigen, Prospekte, Pressemappe etc.) ○ Preisliste ○ Webauftritt ○ Gebäude (Weingut, Kostraum etc.) ○ Promotionsmittel (Rollbanner, Transparent)

- ○ Werbegeschenke (Drop-Stop)
- ○ Kleidung
- ○ Fahrzeuge
- ○ Fahnen und Tafeln
- ○ Produktverpackungen: Etiketten, Verschlüsse, Kartons
- ○ Verkostungsutensilien: Gläser, Servietten, Spuckkübel

3. Produkte gestalten – Meine Weine

3.1 Das Etikett

„Das Auge trinkt mit". Diese Aussage stimmt, das haben Sie sicher bereits selbst beobachtet. Die Stunde der Wahrheit schlägt beim Kaufabschluss – am Weingut beim Ab-Hof-Verkauf oder vor dem Regal einer Vinothek, eines Lebensmittelmarktes. Ein gut gestaltetes Etikett liefert Kaufanreize und präsentiert den Wein so, dass er seinem Wert entspricht. Wie oft erleben wir jedoch, dass ein Etikett dem Inhalt einer Flasche nicht gerecht wird. Denken Sie an die viele Arbeit im Weingarten, im Keller. Und dann bremst ein schwaches Etikett den Verkaufserfolg, schlimmer noch, wertet den Wein ab? Weinfreunde, die Ihren Betrieb (noch) nicht kennen, entscheiden auch nach optischen Eindrücken. Lassen Sie im Endspurt nicht nach. Das Kleid gehört zum Wein. Bringen Sie das äußere Erscheinungsbild mit dem Inhalt in Übereinstimmung.

Die Sprache der Formen und Farben
Vor allem muss das Etikett zu Ihrem CD (siehe Kapitel 2.3, Seite 18) passen. Darüber hinaus hilft Wissen über die psychologische Wirkung von Formen und Farben bei der Entscheidung: Breite Formen werden mit Stabilität und Sicherheit assoziiert, sie wirken vertrauensbildend. Schmale Formen hingegen wirken innovativ und frisch. Runde oder ovale Formen strahlen Vollendung, etwas Besonderes aus.

Man sieht die Färbelung des Etiketts lange Millisekunden bevor noch ein Name oder gar gestalterische Details wahrgenommen werden. Farben sprechen direkt unterschiedliche Teile unseres Gehirns an. Sie wecken damit unterschiedliche Emotionen. Mit Grün werden die Instinkte im Stammhirn angesprochen. Es geht um Tradition, Rituale, Sicherheit, Revier, Heim(at). Assoziationen mit Grün sind gleichzeitig Frische, Jugend, Frühling, Leben, Unreife, Hoffnung. Rot spricht hingegen Emotionen an. Das Zwischenhirn braucht Freund und Feind, Zuneigung, Ablehnung,

Lernen, Spielregeln, den Status und seine Symbole. Wir assoziieren Liebe, Blut, Feuer, Leidenschaft. Rot wirkt alarmierend, belebend und erregend. Blau spricht die Ratio an. Das Großhirn beschäftigt sich mit Realität, Denken, Fragen, Antworten, Planen, Vorstellungen, Reflexion und hat Sprache. Blaue Assoziationen sind Treue, Fantasie, Klarheit, Utopie, Geld. Die Farbe Blau wirkt kühl, entspannend, still und klärend.

Checkliste zum Etikett

Überlegung:	Antwort(en), checked!
Wer gestaltet das Etikett?	○ Selbst ○ Grafiker ○ Etikettenfirma
Welche Etikettenform?	○ Breit, balkenförmig – Beständigkeit ○ Schmal, hoch – Modernität ○ Rund, oval – Vollkommenheit
Welche Farben?	○ Grün – Tradition, Frische ○ Rot – Leidenschaft, Liebe ○ Blau – Eleganz, Intellektualität
Welches Schriftbild?	○ Das Schriftbild entspricht dem CD.
Welches Papier?	○ Wertigkeit ○ Preis ○ Haltbarkeit im (feuchten) Keller ○ Verfügbarkeit
Sind alle wichtigen (vorgeschriebenen) Informationen am Etikett bzw. auf der Rückseite enthalten?	○ Die Informationen entsprechen dem Weingesetz. ○ Zusatzinformationen: empfohlene Trinktemperatur, Speiseempfehlungen, Lagerfähigkeit etc.
Sondermaßnahmen in der Produktion	○ Lackieren ○ Prägen ○ Stanzen

(Druck etc.):	○ Metallisch plattieren ○ Auf transparente Folie drucken
Wie ist der Gesamteindruck?	○ Das Etikett entspricht dem CD. ○ Das Etikett entspricht dem Inhalt. ○ Das Etikett ist gut erkennbar (auch von Weitem).
Wie wird das Etikett an der Flasche angebracht?	○ Automatisch ○ Händisch
Wie lange ist die Lieferzeit?	○ Keine, ich drucke selbst. ○ Lieferzeit ist … ○ Daher spätestens am … (mindestens drei Wochen eventueller Lieferverzögerungen einplanen!) bestellen.

3.2 Die Verpackung

„Ein Produkt mit der richtigen Verpackung ist viel mehr ‚sexy' als ein nacktes". Auch die Verpackung kann den Inhalt auf- oder abwerten. Es gibt viele verschiedene Arten, wir konzentrieren uns hier auf die für uns wichtigste, den Flaschenkarton. Er übt mehrere Funktionen aus (siehe Checkliste, erste Frage). Der Karton muss jedenfalls nicht nur Flaschen, sondern auch Informationen transportieren (Pflichttexte). Wenn Sie mithilfe der Checkliste eine Liste jener Inhalte und Bilder (Logos etc.) erstellen, die auf der Verpackung abgedruckt werden sollen, bedenken Sie bitte, dass zu viele Elemente das Auge nur verwirren.

Eine Frage der Verteilung

Setzen Sie unbedingt Prioritäten. So kann ein bestimmter Bereich – etwa eine Seitenfront – für alle Pflichtteile herhalten, damit der Rest für ein klares und eindeutiges Layout frei bleibt. Verwenden Sie wenige Schriften, am besten nur eine (siehe Kapitel 5.1, Seite 36). Ein Karton soll den Transport erleichtern. Nach wie vor sehen wir am Markt zahlreiche Weinverpackungen, die fast unbrauchbar sind. Eingriffe reißen leicht oder sitzen so unpraktisch, dass man auch eine „Sechser" nur mit beiden Händen nehmen kann. Achten Sie darauf, dass Sie für Ihr Geld etwas bekommen. Vielleicht ist eine etwas teurere Lösung letztlich die viel günstigere. Lassen Sie Profis ran – beim Design und bei der Produktion.

Checkliste zur Verpackung

Überlegung:	Antwort(en), checked!
Sind alle Funktionen des Kartons erfüllt?	○ Schutz vor Bruch und Verunstaltung (Etikettenabrieb etc.) ○ Besserer Transport ○ Leichtes Handling ○ Auffälligkeit ○ Attraktivität (der Karton ist ein wichtiger Werbeträger) ○ Information – alle Inhalte sind aufgebracht
Für welche Flaschenformate brauche ich Verpackungen?	○ Bordeaux, Burgunder, Schlegel, Sekt etc. ○ Flaschengrößen (0,375 l, 0,75 l, 1,5 l etc.)
Welche Verpackungsgrößen brauche ich?	○ Einzelverpackung ○ 2er-Kartons ○ 3er-Kartons ○ 6er-Kartons ○ 12er-Kartons
Welche Formate sollen personalisiert und welche neutral sein?	○ Einzelverpackung ○ 2er-Kartons ○ 3er-Kartons ○ 6er-Kartons ○ 12er-Kartons
Für welche Größen brauche ich Geschenkverpackungen?	○ Einzelverpackung 0,75 l ○ Einzelverpackung Magnum ○ 2er-Kartons ○ 3er-Kartons
Aus welchem Material soll die Verpackung sein?	○ Karton für … ○ Holz für … ○ Andere Materialien für …

Was soll auf den personalisierten Kartons angegeben sein?	○ Name des Weingutes ○ Logo des Weingutes ○ Adresse, Telefonnummer, Website, E-Mail ○ Name des Weines oder ein Feld, in das der Inhalt mit Filzstift eingetragen werden kann (besonders auf sehr dunklen oder schwarzen Kartons wichtig) ○ Hinweis auf zerbrechlichen Inhalt: „Fragile" ○ Rechtlich vorgeschriebene Aufschriften ○ Name und/oder Logo einer Vereinigung ○ Name und/oder Logo eines Gebietes (Tales, Ortsverbandes)
Wie soll das Design der Verpackung aussehen?	○ Die Verpackung passt zu meinem CD. ○ Ich habe (noch) kein CD – das Design passt zum Weingut und zum Wein. ○ Der Name des Weingutes und/oder des Weines ist gut erkennbar (auch wenn die Kartons gestapelt sind).
Welchen Zusatznutzen soll die Verpackung haben?	○ Informationen über den Wein ○ Informationen zur besten Lagerung ○ Weiterverwendbarkeit als … ○ Rezepte, passend zum Wein ○ Informationen über das Gebiet oder den Boden etc.
Produktionsfragen:	○ Wie viel Stück brauche ich wovon? ○ Wann brauche ich die Verpackung? ○ Wie sind die Lieferzeiten? ○ Habe ich eine Schlupfzeit eingeplant (falls etwas schief geht)? Bitte mindestens einen Monat einplanen. ○ Habe ich drei Kostenvoranschläge eingeholt?

4. Service und Kundenbindung

4.1 Meine Dienstleistungen

„Das Drumherum macht es aus". Sie machen guten Wein – gut. Und wie kommt er zu Ihren Kunden? Gibt es eine Hürde zwischen Ihren Kreszenzen und den Menschen, die sie genießen sollen? Portokosten, Promillegrenzen, kein Weinkeller auf Kundenseite? Diese Hindernisse sollten überwunden oder abgeschafft werden. Symbolisch gesprochen: Rollen Sie dem König Kunde einen roten Teppich aus. Geben Sie ihm das Gefühl, etwas Besonderes zu sein. Bieten Sie die Möglichkeit zur Subskription eines nur beschränkt verfügbaren Weines an, samt Lagerung im wohltemperierten Weinkeller. Vor allem: Machen Sie es Ihren Kunden ganz leicht, Sie und vor allem Ihren Wein zu erreichen.

Der persönliche Service
Nicht alle Kunden haben die Möglichkeit oder auch die Lust, Ihren Wein ab Hof zu kaufen. Freude macht es, wenn – ab einer gewissen Bestellmenge – keine Versandkosten bezahlt werden müssen oder wenn die Weinlieferung zugestellt wird. Natürlich kostet dieser Service, aber er zahlt sich aus. Vom sympathischen Winzer, der kostenlos zustellt, erzählt man gerne Freunden. Vielleicht ist Ihr Wein der Richtige für den 50er des geschätzten Kollegen? Samt schönem Etikett mit persönlicher Widmung ganz sicher!

Manche Weingüter produzieren einen raren Top-Wein, den nur Stammkunden reservieren dürfen. Das gibt der Kundschaft das Gefühl, etwas ganz Besonderes zu sein. Im Wein ist Alkohol, wer hätte das gedacht? Wenn Sie eine Veranstaltung planen, bieten Sie einen Shuttleservice zum nächsten Bahnhof an und teilen Sie das rechtzeitig mit, auch wenn so ein Dienst (anfangs) nicht intensiv genutzt wird. Mitdenken dieser Art wird immer wichtiger. Auch bei Dienstleistungen gilt: Schauen, modifizieren, ausprobieren. Und bitte, denken Sie immer daran: Eine Kundenmeinung repräsentiert, auch wenn sie lautstark vorgebracht wird, längst nicht das, was alle denken.

Checkliste zu den Dienstleistungen

Überlegung:	Antwort(en), checked!
Biete ich einen besonderen Lieferservice?	○ Kostenloser Versand ab einer Bestellmenge von … ○ Das bedeutet Kosten von … pro Flasche. ○ Kostenlose Lieferung ab einer Bestellmenge von … ○ Das bedeutet Kosten von … pro Flasche.
Biete ich Subskription von Weinen an?	○ Ich biete Subskription von … an. ○ Ich biete einen günstigeren Subskriptionspreis.
Biete ich Lagerraum in meinem Weinkeller an?	○ Ich habe ausreichend Lagermöglichkeiten. ○ Ich biete Abteile mit sperrbaren Regalen.
Biete ich personalisierte Etiketten an?	○ Die Produktion personalisierter Etiketten kostet … ○ Personalisierte Etiketten kann ich selbst ausdrucken.
Biete ich Shuttleservice an?	○ Bei welchen Veranstaltungen kann ich Shuttleservice anbieten? ○ Welche Partner finde ich für Shuttleservice? ○ Was kostet es, Shuttleservice anzubieten?
Biete ich Kostpakete an?	○ Wie viele Flaschen enthält mein Kostpaket? ○ Ist es standardisiert oder individuell zusammengestellt? ○ Biete ich einen günstigen Preis für so ein Paket?
Biete ich Verkostungen an? Wenn ja: Sind die Bedingungen klar?	○ Minimale Anzahl der Teilnehmerinnen und Teilnehmer ○ Maximale Anzahl der Teilnehmerinnen und Teilnehmer ○ Verkostungsbeitrag (entfällt oder: Euro pro Person, pauschal) ○ Datum, Uhrzeit, Shuttledienst

4.2 Meine Adressdatei

„Eine funktionierende Database ist heutzutage das Zentrum erfolgreichen Wirtschaftens". Deshalb habe ich dieses Kapitel, vor allem die Checkliste, besonders detailliert gestaltet. Denken Sie nicht zu klein, wenn Sie dieses Thema angehen. Hier rentiert sich richtig investiertes Geld! Denn wer seine Zielpersonen direkt ansprechen kann, verkauft mehr. Dabei ist „direkt ansprechen" in beiderlei Sinn zu verstehen: Einerseits bedeutet es, zu erkennen, in welche Kategorie ein Ansprechpartner fällt. Andererseits werden Personen direkt, also per Name und Adresse, angesprochen. Eine gute Database gewährt einen Riesenvorteil: Sie spart Geld, denn man ist nicht auf teurere Kommunikationsmaßnahmen mit großen Streuverlusten angewiesen.

Eine Adressdatei wird nie fertig

Im Laufe eines jeden Jahres verändert sich gut ein Viertel der eingewarteten Kontakte. Die Menschen von heute sind mobil, wechseln Adressen, Internetprovider, Handynetzbetreiber. Planen Sie deshalb unbedingt häufige und regelmäßige Korrekturdurchgänge ein. Sonst ist der große, ursprünglich sehr sinnvolle Aufwand der Erstellung einer guten Adressdatei bald verpufft. Ein Weingut, das keine gepflegten Kundendaten besitzt, verschenkt bares Geld und geht mit wertvollstem Kapital fahrlässig um. Grundsätzlich gilt: Nicht die Anzahl der Adressen ist entscheidend, sondern die Qualität der Adressdatenbank. Ganz besonders wichtig: Sammeln Sie Mailadressen. Und zwar so, dass Sie die Zustimmung der potentiellen Kunden haben, diese auch anschreiben zu dürfen.

Eine für alle und alle für eine

Egal, wie groß ein Betrieb ist: Die beste Methode ist, eine Person mit der Verantwortung für die Adressdatei zu betrauen und zugleich alle einzubeziehen. Jede/jeder sollte die Neuigkeiten (Änderung einer Telefonnummer, Umzug, Wechsel der Arbeitsstelle eines Privatkunden) sofort, nachdem er oder sie davon Kenntnis erhalten hat, einmelden. Die oder der Verantwortliche findet Lücken, pflegt Korrekturen ein und überprüft bestehende Datensätze am besten umgehend, mindestens aber einmal in der

Woche zu einer fixen Stunde. Jeder Datensatz sollte mindestens zweimal pro Jahr komplett überprüft werden.

Checkliste zur Adressdatei

Überlegung:	Antwort(en), checked!
Welche sind meine wichtigsten Ziele, die ich mit der Datenbank erreichen will? Sie soll zu den folgenden Maßnahmen beitragen:	○ Neukunden gewinnen ○ Stammkunden pflegen ○ Kundeninformationen sammeln (Meinungsforschung – z. B. zur Akzeptanz von Produkten). ○ Lieferungen steuern helfen (Navigations-System)
Wer soll die Datenbank nützen?	○ Alle, die zum Betrieb gehören, sollen auf die Datenbank zugreifen können. (Datensätze benützen) ○ Alle sollen die Datenbank aktualisieren können. (Datensätze ergänzen oder neu anlegen) ○ Ein Verwalter, eine Verwalterin trägt die Hauptverantwortung für die Datenbank, speziell für ihre regelmäßige Wartung.
Erfasste Kategorien (zum Anklicken; siehe auch Checkliste „Zielgruppen"):	○ Kunde ○ Mitarbeiter ○ Meinungsführer ○ Presse ○ Gastronomie ○ Handel
Datenfelder der Datenbank:	○ Kategorie (siehe oben) ○ Vorname ○ Nachname (Vor- und Nachnamen immer unbedingt getrennt erfassen, auch wegen der Möglichkeit zur alphabetischen Reihung und für die Serienbrief-Funktion) ○ Anrede, Titel etc.

	○ Adresse (mit den Feldern Straße, Hausnummer, Ort, PLZ, Staat) ○ Beschäftigt (bei Firma, Funktion) ○ Bei Presse: Kategorie Fachmedium, Tagespresse, Magazin, Radio, TV ○ Priorität (A, B, C) ○ Mobiltelefon ○ Festnetz privat ○ Telefon dienstlich ○ Fax ○ Mailadresse ○ Website ○ Zuletzt gekauft (wann, was – Verknüpfung mit Produktliste) ○ History (bisheriger Umsatz etc.) ○ Woher stammt der Datensatz (Rollmenu zum Anklicken: Ab Hof, Messe, Mailanfrage, Empfohlen von ..., Zugehörigkeit zu ..., Verein, Organisation, NGO, Partei) ○ Geburtstag ○ Erfasst am (Datum und Jahr, automatisch) ○ Geändert am; von (automatisch) ○ Verknüpfung mit Terminkalender ○ Anmerkungen ○ GPRS-Daten
In welcher Form sollen die Daten angezeigt werden?	○ Outlook-Datei ○ Excel-Dokument ○ Word-Bericht ○ Access-Bericht ○ _____
Technische Funktionen – die Datenbank muss neben der guten Anzeige am Bildschirm Folgendes leisten:	○ Problemloses Ansteuern einer Serienbriefdatei ○ Unkomplizierte Herstellung von Adressklebern ○ Herstellung von Listen für das eigene Controlling ○ Export zur Finalisierung in einem Fullfillmenthaus

	○ Export in ein Handheld (Blackberry etc.) ○ Export in ein Navigationssystem für Lieferungen ○ _____
Optische Gestaltung der Datenbank:	○ Es wurden nur wenige Schriften, idealer Weise nur eine einzige (diese evtl. in zwei oder drei verschiedenen Schriftgrößen) verwendet (siehe Kapitel 5.1, Seite 36). ○ Text und Bild ergänzen einander. ○ Farben werden bewusst eingesetzt, um die Dateien nach Kategorien und/oder Prioritäten anzuzeigen.
Wie sichere ich meine Datenbank?	○ Kopierschutz ○ mehrmals, jedoch zumindest einmal pro Woche extern absichern (DVD im Banksafe, Wechselfestplatte an einem anderen Standort) ○ autorisierten Administrator ernennen ○ Passwort-Absicherung ○ Vertrauliche Daten nur für einen kleinen Kreis zugänglich machen ○ Firewall-Funktion ○ Spyware-Schutz ○ Nicht im Internet veröffentlichen (Zugriff via Internet nur mittels hochprofessioneller Absicherung)

4.3 Mein Kontakt mit meinen Kunden

Die Möglichkeit, per E-Mail Nachrichten auszutauschen, hat unsere Kommunikationswelt gravierend verändert. Dennoch ist es sinnvoll, bei manchen Gelegenheiten auf die altbewährte Briefpost zurückzugreifen, denn sie wirkt persönlicher, Empfänger schätzen den Mehraufwand, der hinter der Briefpost steht, und sie wirkt, wenn sie schön gestaltet ist, edler. Sie ist im Vergleich zum E-Mail das Besondere. Manches lässt sich nicht per E-Mail versenden, wie zum Beispiel ein Prospekt über das Weingut oder ein Flyer zum neuen Wein. Und: noch haben nicht alle Menschen E-Mail-Zugang.

Fluch und Segen der digitalen Post

E-Mails sind, wenn sie wohlüberlegt formuliert und gestaltet sind, dennoch längst das Kommunikationsmittel Nummer eins. Wie bei allen großen Veränderungen ist jedoch auch „das Mail" Segen und Fluch zugleich. Wer einige Regeln beachtet, hat viel bessere Chancen, dass seine Mails nicht nur ankommen, sondern auch beachtet werden.

Ein Fluch der Mails sind die unverlangt zugesandten, unerwünschten E-Mails – kurz „Spam". Gute Werbung ist jedoch kein Spam! Werbemails werden dann gerne empfangen, wenn sie von Betrieben kommen, die man kennt und schätzt. Stammkunden eines Weingutes sind meist mit dem Betrieb emotional verbunden und betrachten daher dessen Nachrichten keineswegs als unerwünscht.

Das Anti-Spam-Gesetz

Für Rundschreiben, so genannte „Newsletter", die Sie an Ihre Kunden versenden, gelten seit 2006 strenge Regeln: E-Mails sind ohne vorherige Zustimmung der Empfänger generell nicht mehr zulässig. Die Zusendung an bestehende Newsletter-Verteiler ist nur dann ohne nachträglich ausdrückliche Zustimmung der Adressaten weiterhin erlaubt, wenn diese bereits über einen langen Zeitraum, also etwa seit zwei bis drei Jahren, unbeanstandet erfolgte. Gehen Sie daher auf Nummer sicher und fragen Sie bei Ihren Kunden nach, ob Sie mit Ihren Zusendungen einverstanden sind.

Der Betreff ist entscheidend

Spam oder Nicht-Spam, das entscheidet jeder Einzelne für sich (nachdem offensichtlicher Spam meist bereits über eine Software ausgeschieden wurde). Meistens wird bereits anhand des E-Mail-Betreffs aussortiert. Ist er „schlecht" formuliert, wird das E-Mail ungelesen gelöscht. Ein gutes E-Mail beginnt mit einem informativen Betreff. Die Betreffzeile darf unter keinen Umständen leer bleiben! Der Betreff sollte knapp, aber so detailliert wie möglich über den tatsächlichen Inhalt des Mails Aufschluss geben.

Checkliste zum Kundenkontakt

Überlegung:	Antwort(en), checked!
„Snailmail" (Briefpost) oder E-Mail?	Briefpost: ○ Versendung eines Weingutprospekts, Flyers ○ Versendung an einen kleinen Empfängerkreis ○ Empfänger hat keine E-Mail-Adresse E-Mail: ○ Regelmäßiger Newsletter ○ Aktuelle schnelle Informationen ○ Versendung an einen großen Empfängerkreis ○ Preis
E-Mail – sind alle wichtigen Infos enthalten?	○ Der Absender ist eindeutig identifizierbar. ○ Die Betreffzeile ist informativ, nicht zu allgemein formuliert. ○ Die Betreffzeile klingt nicht nach Spam. ○ Die Betreffzeile ist kurz, enthält dennoch die wichtigsten Details. ○ Bei Weinbewerbung: die Weinbezeichnung in die Betreffzeile einfügen ○ Bei Veranstaltung: Datum, Thema, Ort in die Betreffzeile einfügen ○ Die Anrede ist (wenn möglich) persönlich. ○ Der Einstieg macht Lust aufs Lesen. ○ Bei Infos über Wein: Rebsorte, Name, Lage, Beschreibung, Alkohol, evtl. Preis ○ Bei Veranstaltungen: Art und Thema der Veranstaltung, Ort, Datum, Zeit, evtl. Dauer, Kosten, Anmeldungsmodalitäten ○ Kontaktadresse des Weingutes (Name, Adresse, Telefonnummer, E-Mail-Adresse, Webadresse, evtl. Anfahrtsbeschreibung) ○ Setzen Sie am Ende Ihres E-Mails einen Satz wie „Das ist eine Aussendung des Weingutes X. Wenn Sie keine Emails mehr erhalten wollen, bitten wir Sie um eine Nachricht mit entsprechendem Vermerk. Vielen Dank."

Wie ist das E-Mail gestaltet?	○ Das Schriftbild ist ansprechend (siehe auch Kapitel 5.1, Seite 36).
	○ Es wird nur eine Schriftart verwendet, maximal zwei Schriftgrößen.
	○ Es ist gut lesbar – keine zu helle Schrift, kein Hintergrundbriefpapier.
	○ Wenn ein Foto eingespielt ist oder mitgeschickt wird:
	  ○ Das Foto ist professionell (kein Schnappschuss).
	  ○ Das Foto hat maximal ×× KB.

Briefpost – sind alle wichtigen Infos enthalten?	○ Der Absender ist eindeutig identifizierbar. ○ Die Anrede ist (wenn möglich) persönlich. ○ Der Einstieg macht Lust aufs Lesen. ○ Bei Infos über Wein: Rebsorte, Name, Lage, Beschreibung, Alkohol, evtl. Preis ○ Bei Veranstaltungen: Art und Thema der Veranstaltung, Ort, Datum, Zeit, evtl. Dauer, Kosten, Anmeldungsmodalitäten ○ Kontaktadresse des Weingutes (Name, Adresse, Telefonnummer, E-Mail-Adresse, Webadresse, evtl. Anfahrtsbeschreibung)
Wie ist der Brief gestaltet?	○ Das Schriftbild ist ansprechend (siehe auch Kapitel 5.1, Seite 36). ○ Es wird nur eine Schriftart verwendet, maximal zwei Schriftgrößen. ○ Er ist gut lesbar – keine zu helle Schrift und keine helle Schrift auf dunklem Grund. ○ Inhalt und Kuvert passen zusammen. ○ Soll der Brief sehr persönlich wirken, ist handgeschriebene Adressierung besser als ein Adresskleber. ○ Er ist ausreichend frankiert.

5. Ich gestalte meine Werbung

5.1 Mein Schriftbild

Welche Schriften wir für unsere Marketingarbeit verwenden, ist bei Weitem nicht nur Geschmackssache. Typografie ist eine eigene Wissenschaft – nicht ohne Grund. Die Lettern drücken weit mehr aus, als die Worte besagen, die in ihnen gesetzt sind. Lettern zeigen Kraft, Leidenschaft, Klarheit, Modernität, Tradition, Verspieltheit, ... Ihre Vielfalt ist durchaus mit jener des Weines gleichzusetzen genauso wie ihr Nuancenreichtum.

Serif und Sans Serif
Es gibt Werke, die sich sehr ausführlich mit Typografie auseinandersetzen. Hier wollen wir zunächst einmal einen groben Überblick und ein paar Tipps bringen. Was man wissen sollte, ist die Grundeinteilung in zwei Familien: Serif und Sans Serif (frz.: sans „ohne; -los"), also Buchstaben mit Serifen und solche ohne. Serifen sind die kleinen, häufig im 90-Grad-Winkel gestalteten Abschlüsse, etwa an den Unterlängen. Ein Beispiel zeigt das deutlich:

Serifenschrift: n
Sans-Serif-Schrift: n

Schriften mit Serifen eignen sich besonders gut für „Fließtexte" also etwa für eine Buchseite oder einen wortreichen Pressetext. Sie unterscheiden sich deutlich von Überschriften oder Tabellen etc. Sans-Serif-Schriften sind für die Anwendung im Internet (Gefahr des „Auspixelns" von Typen mit Serifen) sinnvoll, aber auch für einen großen, plakativen Satz mit wenig Text. Am besten, Sie beachteten die nachstehend formulierten, alten Regeln für gute Typografie.

Zeitlos oder zeitgeistig?
Es gibt Schriften, auf denen „der Jahrgangsstempel haftet". Sie sind eine zeitlang sehr en vogue, bald werden sie aber furchtbar unmodern. Solche Schriften eignen sich durchaus für kurzfristig

wirksame Werbemittel wie etwa die Einladung zu einer Veranstaltung. Für Werbemittel, die lange wirken sollen, wie beispielsweise ein Weinetikett, sind sie jedoch ziemlich ungeeignet. Es sei denn, Sie haben neben Ihren Gutsweinen auch einen „Ausreißer", der jedes Jahr neu gestaltet wird. Andererseits kennen wir Schriften, die völlig zeitlos wirken, wie zum Beispiel Times New Roman, Arial oder Verdana.

Bitte beachten Sie bei der Schriftwahl auch, ob die Typen schwer oder leicht wirken. Schriften können feminine Verspieltheit ausdrücken oder Wucht. Sie können dynamisch oder statisch, beruhigend oder nervös wirken. Probieren Sie einfach an einem Text aus, wie die unterschiedlichen Schriften das Schriftbild, die Lesbarkeit und den Gesamteindruck verändern können.

Weniger ist mehr
Die wichtigste Regel lautet:
„So wenig Verschiedenes wie möglich!"

Berücksichtigen Sie bei Ihrer Schriftwahl daher die folgenden Tipps. Diese Checkliste sollte Ihnen bei der Schriftwahl und Gestaltung, aber auch bei der Beurteilung professionell erstellter Vorschläge ein wenig helfen. Denn nicht alle Grafiker haben ein perfektes „Händchen" für Typografie.

Checkliste zum Schriftbild

Überlegung:	Antwort(en), checked!
Anzahl der Schriften:	Sehr wenige Schriften benützen: ○ Setzen Sie auf einem Dokument so wenig Schriften wie möglich (maximal drei) ein, egal ob es sich dabei um ein Inserat, ein Prospekt oder eine Website handelt.
Anzahl der „Schriftschnitte" – Wechsel im Schriftbild innerhalb ein und derselben Schrift	Einen oder nur wenige „Schnitte": ○ Beschränken Sie sich auf ganz wenige „Schriftschnitte".

(fett-mager, gerade-kursiv, verschiedene Schriftfarben):	
Hervorhebungen:	Nur eine Art von Hervorhebungen: ○ Konzentrieren Sie sich auf eine einzige Art, etwa fett und/oder eine andere Farbe. Unterstreichungen stören meist das Gesamtbild eines Textes, Kursive wirken disharmonisch und beeinträchtigen die Lesbarkeit.
Schriftgrößen:	Eine oder wenige Schriftgrößen: ○ Überschriften, Zwischenüberschriften, Fließtext können durchaus in drei Schriftgrößen, sollten aber aus derselben Schrift gesetzt werden.
Effekte:	Effekte sind tabu: ○ Keine Outline ○ Kein Schatten ○ Kein Umriss ○ Kein Relief, Gravur oder Ähnliches
Zierschriften:	Kein Zierrat, keine Schreibschrift: ○ Einfache und klare Schriften sind die beste Wahl. ○ Verwenden Sie keinen Zierrat wie Schleifchen und keine Pseudo-Schreibschriften. Sie sind meist sehr schlecht lesbar.
Lesbarkeit:	Lesbarkeit = Nummer eins: ○ Lesbarkeit hat oberste Priorität und Vorrang vor gestalterischen Überlegungen. ○ Negativschriften (helle Schrift auf dunklem Hintergrund) vermeiden ○ Wenige Farben einsetzen, keinesfalls Komplementärkontraste (rote Schrift auf grünem Hintergrund) ○ Schrift immer von links nach rechts – niemals von oben nach unten schreiben.

	○ In Fließtexten und Überschriften immer in Groß- und Kleinbuchstaben schreiben, niemals nur Großbuchstaben verwenden. ○ Kapitälchen sparsam einsetzen: Kapitälchen sind Schriften, die nur aus Großbuchstaben bestehen, aber bei groß geschriebenen Wörtern einen etwas größeren Buchstaben am Anfang setzen. Sie können, sehr sparsam eingesetzt, schön wirken, eignen sich aber nicht für Fließtexte. ○ Lassen Sie Ihren Test von anderen Personen lesen, um seine Lesbarkeit zu testen.
Gesamtbild des Textes:	Laufweite und Schriftsatz beachten: ○ Für Fließtexte sind relativ schmal laufende Typen zu bevorzugen. Manche Schriften haben einige kugelrunde Kleinbuchstaben wie o, d, g etc. Im Gesamtbild eines Absatzes können auf diese Weise optische „Löcher" entstehen. ○ Linksbündig schreiben: Das ist konservativ, aber bei Weitem das Beste. Blocksatz zerfällt meist und bildet große Löcher, wenn er nicht ganz perfekt gesetzt ist. Rechtsbündiger Satz und auf Achse gesetzter Text („zentriert") verschlechtern die Lesbarkeit wesentlich und wirken unharmonisch.

5.2 Mein Foto

„Ein Bild sagt mehr als tausend Worte." – kaum jemand, der diesen alten Spruch nicht kennt. Bilder sind für Ihren Auftritt – ob im Prospekt, am Plakat oder im Internet – essenziell. Sie treffen mit Ihren Fotos Aussagen über Ihr Weingut, Ihren Wein und den Winzer bzw. das Winzerpaar. Ihre Kunden machen sich wortwörtlich „ein Bild" von Ihnen. Überlegen Sie daher, welche Botschaften in Ihren Fotos stecken sollen, mit welcher Bildsprache Sie sich an Ihre Kunden richten möchten, und legen Sie dann die Motive fest (siehe auch Kapitel 2.2, Seite 15). Achten Sie darauf, dass einzelne Requisiten und kleine Lichtquellen die Stimmung eines Bildes bereits stark verändern können.

Das Porträtfoto

Der erste Eindruck, den jemand von uns hat, prägt sich tief ein. Das menschliche Gesicht ist mindestens so signifikant wie ein Fingerabdruck, es zieht Blicke magisch an. In unserer Zeit der virtuellen Kommunikation erfolgt ein solcher erster Eindruck häufig nicht von Angesicht zu Angesicht, sondern über ein Bild – in der Zeitung, in einem Prospekt oder im Internet. Es ist kein Ausdruck von Eitelkeit, ein gutes Foto von der Winzerin, dem Winzer machen zu lassen. Es ist vielmehr ein ganz wichtiger, den Verkauf fördernder Impuls. Ein gutes Foto findet vielfach Verwendung, nicht nur im Weingutsprospekt und anderen Werbemitteln, auch in der Pressearbeit, im Internet. Also keine falsche Bescheidenheit! Lassen Sie ein gutes Porträtfoto von sich machen.

Ein leicht angedeutetes Lächeln ist oft besonders gut geeignet für ein Foto, das seriös wirken soll. In der heutigen Fotografie geht es um Ausdruck. Deshalb werden Gesichter gerne „angeschnitten", um noch mehr Nähe zu erzeugen. Auch Unschärfe kann durchaus reizvoll sein, solange zumindest auf ein Auge scharf gestellt wurde.

Entscheiden Sie selbst, wie Sie mit Requisiten aus der Weinkultur umgehen. Das Kosten aus dem Glas, der Blick durch das Weinlaub, die Flasche mit dem Etikett in der Nähe des Gesichtes ist wirklich nicht neu, wird aber aus Vermarktungsgründen noch immer gern gemacht.

Gute Porträts sind
– nahe –; lieber ein Gesicht anschneiden, als einen kleinen Menschen in weiter Flur zeigen
– etwas Besonderes, zeigen einen Blickfang
– sympathisch, zeigen das Modell von einer sehr feinen Seite
– lebendig
– in den Augen gut beleuchtet

Schlechte Porträts zeigen
– gelackte Gesichter
– eingefrorene Lächeln

- abweisende Gestik, wie etwa verschränkte Arme (kommt häufig vor)
- springende Menschen – dieser „Schmäh" ist bereits sehr abgedroschen
- gezwungenen Umgang mit Requisiten

Selbst fotografieren oder den Profi engagieren?

„Abdrücken" kann jeder und jede. Richtiges Fotografieren erfordert Geduld, einen guten Blick und viel Erfahrung. Die Lichtverhältnisse richtig einzuschätzen, Spannung in das Bild zu bekommen und die Bildsprache zu finden, die man im Kopf hatte, ist leider nicht ganz einfach. Wenn Sie selbst fotografieren möchten, dann verwenden Sie eine Digitalkamera mit hoher Auflösung – mindestens 6 Megapixel – und speichern Sie das Bild mit 300 dpi ab. So kann es auch zum Druck verwendet werden. Ins Web gehören umgewandelte Bilder mit geringerer Auflösung, etwa 72 dpi. Sonst sind die Ladezeiten zu lang! Am besten aber ist, Sie lassen sich von einem Profi fotografieren.

Was darf es kosten?

Wenn Sie einen Profi beschäftigen, dann sollten Sie bei einem Aufwand von etwa einem halben Tag inklusive Fahrzeiten mit einem Honorarvolumen von ungefähr € 800 rechnen, vor allem dann, wenn in diesem Preis noch Verwendungsrechte für fünf bis zehn Bilder eingeschlossen sind.

Fotorechte

Lassen Sie sich die Verwendungsrechte an den Bildern schriftlich zusichern – am besten räumlich und zeitlich unbegrenzt. Wenn Sie jemand anderen als sich selbst fotografieren – etwa die Gäste in einem Lokal – und diese Personen am Bild erkennbar sind, dann sollten Sie sich auch schriftlich die Persönlichkeitsrechte für das Foto zusichern lassen, sonst könnte ein Modellhonorar fällig werden.

Checkliste zum Foto

Überlegung:	Antwort(en), checked!
Wofür brauche ich die Fotos?	○ Prospekt ○ E-Mailaussendung ○ Website ○ Presse ○ Sonstiges
Welche Motive brauche ich?	○ Porträt von … ○ Weingut ○ Weingarten ○ Keller ○ Kostraum ○ Stimmungsbild ○ Flaschen ○ Veranstaltung, Heuriger ○ Sonstiges
Was soll das Bild aussagen? Welche Stimmung soll vermittelt werden?	○ _____
Mache ich selbst das Foto?	○ Hochauflösende Kamera ist vorhanden. ○ Stativ ist vorhanden. ○ Fernauslöser ist vorhanden (wenn nicht, mit Selbstauslöser arbeiten). ○ Professionelles Bildbearbeitungsprogramm ist vorhanden.
In welcher Größe werden die Fotos abgespeichert?	Die Bildgröße wird in ○ dpi (dots per inch = Anzahl der Bildpunkte in der Fläche) oder in ○ cm × cm oder in ○ Pixel per inch oder in ○ Bytes (Megabytes) angegeben. Die Größe der Datei ist wichtig für das Speichermedium, den digitalen Versand und die

	Verwendung der Bilder im Web. Speichern Sie in folgenden Größen: ○ Grundsätzlich 300 dpi ○ Für die Verwendung im Web oder im E-Mail 72 dpi
In welchem Format werden die Fotos abgespeichert?	○ Das gängigste Format ist jpeg: sehr gut für große Fotos geeignet, lässt sich gut komprimieren. ○ Das gif–Format ist sehr gut für kleine bis mittelgroße Fotos geeignet und ist daher für Webfotos das Format der Wahl. ○ Gängig ist auch bmp, es benötigt jedoch große Speicherkapazität.
Beauftrage ich einen professionellen Fotografen?	○ Die Stilrichtung des Fotografen passt zu meinem Image. ○ Honorarfragen sind besprochen (einzelne Fotos oder Pauschale). ○ Bildrechte sind besprochen.
Rechtliches:	○ Ich besitze die Veröffentlichungsrechte am Foto. ○ Abgebildete fremde – erkennbare – Personen haben ihr Einverständnis gegeben.

6. Ich gestalte meine Werbemittel

6.1 Mein Weingutprospekt

Sie haben Eindruck gemacht – mit dem, was Sie erzählt haben, mit Ihrem Wein – etwa bei einer Verkostung oder Messe. Was bleibt der Kundschaft, was erinnert sie an das sympathische Gespräch, an den guten Kostschluck?

Eine Visitenkarte. Besser: ein kleines Prospekt als feine Ergänzung zu den duftigen Erinnerungen und zur spürbaren Handschlag-Qualität. Bevor Sie an die grafische Umsetzung dieses Werbemittels herangehen, sollten Sie ein Konzept erstellen. Die erste Frage, die dabei beantwortet werden sollte, ist: „Was ist das Besondere an meinem Weingut?" Detaillierter: „Was haben wir, was die vielen anderen Kollegen nicht haben?" Manchen wird es ganz leicht fallen, eine Antwort auf diese Frage zu finden. Andere werden nachdenken und/oder diskutieren müssen. Marketingleute sprechen da vom „USP" (engl.: *unique selling proposition*), dem „einzigartigen Kaufanspruch".

Sie und Ihre Weine sind interessant
Heute ist es „modern", zu schreiben, dass „nicht viel über den Wein geredet" werden soll, besser sei es, „ihn zu genießen". Das zu schreiben, bedeutet also keine Sonderstellung. Oft ist es nur eine Ausrede von Textern, die sich beim Wein nicht auskennen. Geben Sie Einblicke in Ihr Denken und Tun. Sagen Sie Ihren Kunden und Interessierten, was Ihre Lagen auszeichnet und warum Sie dort und da diese und jene Reben gepflanzt haben. Bringen Sie das Ganze auf den Punkt – in einer „Philosophie" Ihres Betriebes. Lassen Sie das Selbstverständliche ungesagt, etwa, dass Sie es anstreben, „Wein von bester Qualität zu machen". Auch das sagen und wollen alle. Konzentrieren Sie sich auf das Einzigartige Ihres Weines, Ihres Weingutes, dann wird Ihr Prospekt so gut wie der Kostschluck und der Handschlag – einfach unverwechselbar.

Gute Prospekte sind/haben
– klar und übersichtlich gestaltet
– eine einfache Typografie (siehe auch Kapitel 5.1)
– schöne, eindrucksvolle Bilder
– handlich, gut zum Einstecken. Bewährt haben sich Formate wie jenes einer Postkarte (DIN A6) oder ein Drittel DIN A4 (99×210 mm).

Gute Prospekte zeigen
– wer Sie sind
– was Sie von all den anderen unterscheidet
– was Sie anbieten
– wie Ihr Wein schmeckt (sensorische Eindrücke, in Worte gefasst)
– wie Sie über Ihr Produkt denken
– welche Ziele Sie haben (außer „guten Wein zu machen")
– welche Voraussetzungen gegeben sind (Lagen, Böden, Kleinklima etc.)
– wie man Sie findet (Lageskizze, aber auch per Mail, Telefon und im Internet)
– welche Services angeboten werden (Subskription, Zustellung etc.).

Vermeiden Sie unbedingt
– Allgemeinplätze
– das zu tun, was „alle" tun
– zu viele grafische Elemente wie Rahmen, Aufzählungssymbole etc.
– das Überladen des Prospektes, inhaltlich wie optisch
– zu viel Text (dann wird überhaupt nichts mehr gelesen)

Was darf es kosten?
Bei vier Seiten DIN A6 (Postkartenformat) ist mit Konzept und Textkosten von ca. € 500 und Grafikkosten von noch einmal € 500 zu rechnen. Dazu kommen eventuell noch Foto- und Bildbearbeitungskosten. Die Druckkosten sind sehr unterschiedlich, richten sich nach Merkmalen wie Papierqualität, Auflage, Druckveredelung etc.

Tipps
– Beginnen Sie mit Konzept und „Scribble" (einer Handskizze). Beauftragen Sie die Ausarbeitung erst, wenn für Sie fest steht, wie das Ganze aussehen soll.

- Wenn Sie sich nicht entscheiden können, was Sie als wichtigstes „besonderes Merkmal" Ihres Weingutes nennen, fragen Sie Ihre Stammkunden, warum sie gerade bei Ihnen Wein kaufen.
- Wenn Sie Ihr Prospekt gestalten, vermeiden Sie die Aufnahme von schnell alternden Daten in den Text. Legen Sie lieber ein günstig zu produzierendes Einlageblatt (etwa Preise, Jahrgangsdaten etc.) bei.
- Lassen Sie ruhig zunächst viel Text schreiben und gehen Sie dann – eventuell in mehreren Durchgängen – an die Kürzung. Werfen Sie alles hinaus, was überflüssig scheint, Ballast sein könnte. – Wenig Text!
- Finden Sie eine aktive, einfache, klare, selbstbewusste Sprache.
- Lassen Sie sich drei Kostenvoranschläge von verschiedenen Druckereien geben.

Checkliste zum Prospekt

Überlegung:	Antwort(en), checked!
Was ist das wichtigste Ziel, das ich mit dem Prospekt erreichen will?	○ Mein Weingut vorstellen ○ Ein neues Produkt, eine neue Produktlinie vorstellen
Welche Inhalte möchte ich kommunizieren?	○ Geschichte des Weingutes ○ Das Weingut (Weingärten, Keller) ○ Die Personen ○ Die Philosophie des Weingutes ○ Die Produkte ○ Sonstiges
Was muss ich bei der Gestaltung des Prospekts beachten?	○ Es wurden nur wenige Schriften verwendet. ○ Der Text ist gut lesbar. ○ Die Bilder wirken professionell. ○ Text und Bild ergänzen einander. ○ Es entspricht meinem CD. ○ Es ist nicht zu textlastig. ○ Das Format passt in gängige Kuverts – oder ich lasse Kuverts drucken.

	○ Es wird ohne Kuvert, nur mit Klebesteifen verschlossen, verschickt. ○ Ich bin auch nach einigen Tagen noch immer von ihm überzeugt. ○ Ich habe jemanden, der nicht in die Erstellung involviert war, um Überprüfung auf Tippfehler und Vollständigkeit der Inhalte gebeten.
Enthält es alle wichtigen Informationen?	○ Vorname und Nachname des Winzers/des Winzerpaars ○ Logo des Weingutes ○ Adresse des Weingutes mit Kontaktdaten (Telefonnummer, E-Mail-Adresse) und Web-Adresse ○ Anfahrtsplan ○ Serviceleistungen des Weingutes
Rechtliches:	○ Ich habe die Bildrechte an den Fotos. ○ Fremde Personen, die auf Fotos erkennbar sind, haben mir ihr schriftliches Einverständnis gegeben.
Produktionsfragen:	○ Bei der Papierwahl wurde die Wertigkeit, die Verfügbarkeit und der Preis berücksichtigt. ○ Ich oder mein Grafiker haben drei Kostenvoranschläge eingeholt. ○ Stückzahl ○ Wann benötige ich das Prospekt spätestens? ○ Unter Berücksichtigung der Vorlaufzeit (Planung, Erstellung, Druck) muss ich daher spätestens ... bestellen.

6.2 Mein Plakat

Das Plakat gehört zu den „schnellsten" Werbemitteln. Es ist Sprint-Weltmeister, hat nur ein paar Sekunden, manchmal nur Sekundenbruchteile lang die Chance, eine Botschaft zu vermitteln. Wie schnell es sein muss, hängt auch davon ab, für welchen Wirkungsort ein Plakat konzipiert ist. Ein „Indoor-Poster", das in einer

Gaststube hängt, wird meist länger betrachtet als Plakate, die an der Straße hängen. Ähnlich verhält es sich mit Anschlägen im unmittelbaren Bereich von Haltestellen. **Weniger ist hier wirklich mehr.**

Lassen Sie Ballast weg – je weniger Inhalte, desto besser. In Wahrheit kann ein Plakat nur einen einzigen Inhalt befriedigend vermitteln. Diese Regel gilt verbindlich. Je mehr wir auf ein Poster draufpappen, desto schlechter ist seine Wirkung.

Erste Priorität: Klarheit und Verständlichkeit

Das Wichtigste sind Klarheit und Verständlichkeit (Erkennbarkeit), dann erst kommen Stil oder eine ansprechende Gestaltung. An den Straßen hängen viel zu viele „verkappte Inserate", Plakate die man **lesen** muss, um sie zu verstehen. Denken Sie zuerst nach, finden Sie unter all dem, was Sie zu sagen haben, das Wichtigste heraus, und das – nur das – kommt aufs Plakat.

Spannung – Bild und Überschrift

Häufig besteht dieser wichtigste Inhalt aus den Elementen Bild und Text. Dann ist es für die Qualität eines Plakates entscheidend, dass diese beiden Elemente zueinander in einer Spannung stehen. Die Überschrift soll nicht den gut erkennbaren Inhalt des Bildes wiederholen, sondern das Bild ergänzen. Viele gute Kampagnen arbeiten mit einer besonders intensiven Spannung.

Wenn Sie keine tolle Idee für eine Überschrift haben und auch keinen Texter engagieren wollen, lassen Sie lieber das Produkt, die Marke oder die Veranstaltung wirken.

Die gängigsten Plakatgrößen

Nach Deutscher Industrienorm – DIN – gibt es A-, B- und C-Formate. Gängig sind bei uns vor allem die A-Formate, besonders intensiv genutzt wird das Format DIN A4. Die DIN-Formate gehen von einem Grundformat aus, zum Beispiel „A0 (A Null)". Dieses misst 841 × 1.189 mm. Die nächstkleinere Stufe misst jeweils die Hälfte:

DIN A0	841	×	1.189 mm
A1	594	×	841
A2	420	×	594

A3	297	×	420
A4	210	×	297
A5	148	×	210
A6	105	×	148
A7	74	×	105
B0	1.000	×	1.414
C0	917	×	1.297

Im Freien affichierte Plakate werden in „Bogen" gemessen. Ein Bogen entspricht dem DIN Format A1. Das in Österreich am häufigsten verwendete Plakatformat misst 16 Bogen (quer), das sind 3.360 × 2.380 mm. Die Dauer des Anschlages, üblich sind Monatsschritte, ist ebenso wählbar, wie auch sein genauer Ort (je nach Verfügbarkeit der Plakatstellen).

Checkliste zur Plakatgestaltung

Überlegung:	Antwort(en), checked!
Was ist das wichtigste Ziel, das ich mit dem Plakat erreichen will? Es soll …	○ auf einen Termin (Veranstaltung) hinweisen. ○ meinen Betrieb/meine Marke bekannt machen. ○ eine neues Produkt bekannt machen. ○ eine neue Gestaltung (Etikett, Logo etc.) bekannt machen. ○ meinen Betrieb/meine Marke in Erinnerung rufen. ○ unser Image aufbauen/stärken/renovieren helfen.
Wer soll das Plakat sehen? (Zielpersonen, Zielgruppen)	○ Menschen aus meinem Ort, weiteren Orten in der Nähe (_____) ○ Menschen in einem bestimmten Einzugsgebiet/ort (welchem? _____) ○ Stammkunden ○ Besucher einer Veranstaltung (welcher? _____)
Veranstaltungsplakat – Pflicht-Inhalte	○ Titel der Veranstaltung ○ Besondere Attraktion (Ehrengast, KünstlerIn etc.), wenn vorhanden

(Rechts stehende Inhalte sind nach Priorität gereiht. Bitte überlegen Sie, ob die Prioritäten umgelistet werden müssen)	○ Datum der Veranstaltung ○ Ort der Veranstaltung ○ Beginn der Veranstaltung
Veranstaltungsplakat – Weitere Inhalte (Prioritäten – siehe oben):	○ Logo Weingut ○ Logo Sponsoren ○ Foto Hintergrund ○ Foto Vordergrund ○ Dauer der Veranstaltung ○ Leitspruch („Slogan" oder „Claim") des Weingutes
Plakat zur Bekanntmachung einer Marke, eines (neuen) Produktes:	○ Marke bzw. Produkt (Wort oder Wort-Bild) ○ Wichtigster Vorteil der Marke bzw. des Produktes ○ Überschrift (Headline) ○ Foto oder Illustration (Zeichnung, Computergrafik)
Gestaltung – Corporate Design:	Wenn ein CD für das Gut gestaltet wurde: ○ Die Gestaltung des Plakates entspricht meinen CD-Richtlinien. Wurde noch kein CD erstellt: ○ Die Gestaltung des Plakates passt zu unserem Betrieb und zum beworbenen Thema.
Gestaltung – Aufteilung der Inhalte:	○ Der bei uns übliche Lesefluss wurde berücksichtigt (zeilenweise und von links oben bis rechts unten). ○ Die wichtigste Botschaft ist in der größten Schrift gesetzt.
Gestaltung – Elemente:	○ Es wurden nur wenige Schriften, idealerweise nur eine einzige (diese evtl. in zwei oder drei Schriftgrößen) verwendet (siehe Kapitel 5.1, Seite 36). ○ Text und Bild ergänzen einander.

	○ Der Text wiederholt NICHT den Inhalt des Bildes. ○ Die Überschrift erzeugt eine Spannung zum Bild oder Produkt. ○ Farben werden bewusst eingesetzt, zufällige Buntheit wird vermieden. ○ Das Bild wurde gezielt eingesetzt und evtl. wirkungsvoll „angeschnitten" („nähere" Darstellung) (siehe Kapitel 5.2, Seite 39).
Gestaltung – Bild: Das Bild …	○ ist von sehr guter Qualität. ○ sagt auch für andere (die seinen Inhalt nicht kennen) etwas aus. ○ wirkt ästhetisch ansprechend (unterschiedliche Kriterien für unterschiedliche Werbeziele!). ○ trägt dazu bei, Aufmerksamkeit zu erregen.
Gestaltungs-Check: Ich habe den fertigen Plakatentwurf aufgehängt und …	○ ihn von jener Distanz betrachtet, die der späteren Verwendung entspricht. ○ bin auch nach einigen Tagen noch immer von ihm überzeugt. ○ jemanden, der NICHT in seine Erstellung involviert war, um eine Meinung gefragt. ○ diese Person (oder auch mehrere) um Überprüfung aller Inhalte (auf Vollständigkeit und gute Lesbarkeit) gebeten.
Rechtliches:	○ Ich besitze die Veröffentlichungsrechte an allen Elementen (vor allem am Bild bzw. an den Bildern). ○ Es bestehen keine rechtlichen Bedenken gegenüber dem Inhalt des Plakates. ○ Ich verwende keine Elemente, die fremde Markenrechte verletzen könnten (z. B. „Simply Red", „Wein-Oscar").
Produktionsfragen:	○ Werden alle Plakate innen aufgehängt oder zumindest ein Teil auch im Freien? (anderer Druck, anderes Papier, wenn auch im Freien)

- ○ Wie viel Stück brauche ich? (Tatsächliche Stückzahl plus Sicherheitszuschlag – etwa zehn Prozent)
- ○ Wann brauche ich das Plakat wirklich?
- ○ Habe ich eine Schlupfzeit eingeplant (falls etwas schief geht)?
- ○ Habe ich drei Kostenvoranschläge eingeholt?
- ○ Habe ich genügend Kapazitäten zum rechtzeitigen Anschlagen, falls das nicht von einer Plakatfirma gemacht wird?

6.3 Mein Inserat

Ein Inserat oder auch eine Anzeige werden in einem Medium geschaltet. Das Medium ist meist eine Zeitung (Tages- oder Wochenzeitung) oder eine Zeitschrift (Fachzeitschrift oder Magazin). Auch Kataloge, Festschriften oder sogar Bücher wie dieses zählen zu den Insertionsmedien.

Ein Inserat wird fast immer nach seiner Größe und seiner Platzierung bezahlt. Die gängigen Größen reichen von 2/1, also einer Doppelseite, über 1/1, einer ganzen Seite, zu den Seitenteilen 2/3, 1/2, 1/4, 1/8 etc. Auch die Form muss bestimmt werden – 1/2 hoch oder 1/2 quer. Manchmal wird in Spalten gerechnet, auch Sonderformen sind bisweilen möglich – Genaueres dazu liefern der Tarif bzw. die Anzeigenleute des infrage kommenden Mediums.

Das Inserat am richtigen Ort
Der Tarif gilt für die Platzierung „Bestens". Man kann allerdings ab einer gewissen Inseratengröße auch, ohne einen Platzierungszuschlag zahlen zu müssen, Wünsche äußern. Jedoch wird die entsprechende Platzierung dann nicht garantiert. Im Allgemeinen zieht eine Platzierung auf einer rechten Seite mehr Aufmerksamkeit auf sich. Außerdem sollte vermieden werden, in sogenannten „Inseratenfriedhöfen" platziert zu werden, wenn dies ohne Aufpreis möglich ist.

Wie bei allen Werbeaktivitäten sollten Inserate nur dann geschaltet werden, wenn ausreichend Budget für eine frequente Schaltung freigemacht werden kann. Einzelschaltungen bringen keinen nachhaltigen Werbeerfolg. Eine Einzelschaltung ist nur dann in Erwägung zu ziehen, wenn eine Veranstaltung, ein Abverkauf oder andere auf einen Zeitpunkt bezogene Inhalte beworben werden sollen.

Werbung als Promotion

Folgendes ist keine Lehrmeinung, sondern eine Gepflogenheit des Marktes. Manche schalten einzelne Inserate auch dann, wenn sie einem Medium, das mehrfach positive Berichte über ihr Weingut und/oder seine Produkte gebracht hat, „etwas Gutes tun wollen". Nach der reinen Lehre darf nämlich redaktionelle Berichterstattung in keiner Weise vom Inseratenvolumen abhängen. Manchmal gibt es jedoch sehr kleine Teams, in denen die Redaktionsmitglieder immer wieder mit den Anzeigenverkäufern kommunizieren. Gelegentlich soll es daher auch vorkommen, dass Anzeigenverkäufer eine Kombination anbieten: Sie schalten eine halbe Seite, wir geben Ihnen eine Viertel Seite „Redaktion" dazu. Auch andere Kombinationen – eine Seite Inserat, zwei Seiten Redaktion – wurden beobachtet. Solche Deals bewegen sich ein bisschen im Graubereich, denn bezahlte Kommunikation muss laut Gesetz immer auch als bezahlt gekennzeichnet werden. Die gesetzeskonforme Lösung sieht vor: Eine Seite von der Redaktion gestaltet, aber vom Weingut bezahlt, wird als „Promotion" gekennzeichnet. Sie muss in einem anderen Schriftbild bzw. Layout gesetzt sein als die redaktionellen Seiten.

Für die Gestaltung einer Anzeige gelten die gleichen Prinzipien wie für die Gestaltung eines Plakates (siehe Kapitel 6.2, Seite 47). Ein Werbesujet besteht meist aus einer Kombination von Bild und Überschrift (Headline). Manchmal besteht ein solches Sujet auch ausschließlich aus einem Text oder, seltener, nur aus einem Bild. In einem Inserat (nicht am Plakat!) kann auch ein kurzer Info- oder Imagetext, genannt „Copy" oder „Brottext", hinzukommen. Halten Sie in jedem Fall die Anzahl der Elemente einer Anzeige gering. In der folgenden Checkliste finden Sie diese nach ihrer Priorität gelistet.

Checkliste zur Inseratgestaltung

Überlegung:	Antwort(en), checked!
Was ist das wichtigste Ziel, das ich mit dem Inserat erreichen will? Es soll ...	○ auf einen Termin (Veranstaltung) hinweisen. ○ meinen Betrieb/meine Marke bekannt machen. ○ ein neues Produkt bekannt machen. ○ eine neue Gestaltung (Etikett, Logo ...) bekannt machen. ○ meinen Betrieb/meine Marke in Erinnerung rufen. ○ unser Image aufbauen/stärken/renovieren helfen.
Wer soll das Inserat sehen? (Zielpersonen, Zielgruppen)	○ Menschen aus der Region ○ Menschen in einem bestimmten Einzugsgebiet (welchem? _____) ○ Fachpublikum ○ Weininteressierte ○ Genussmenschen ○ Ältere/jüngere Zielpersonen (Medien erreichen unterschiedliche Zielgruppen)
Elemente erster Ordnung:	○ Überschrift (Headline) ○ Bild ○ Logo Weingut ○ Slogan (Claim) des Weingutes
Elemente zweiter Ordnung:	○ Imagetext ○ Pack Shot (Produktabbildung)
Elemente dritter Ordnung:	○ Produktinfo ○ Logo Sponsoren ○ Gewinnspiel
Gestaltungs-Check:	○ Die Gestaltung des Inserates entspricht meinen CD-Richtlinien. ○ Ich habe nur die allernotwendigsten Elemente eingebaut. ○ Es wurde nur eine Schrift (max. zwei Schriften) verwendet. ○ Auf überflüssige Elemente wurde verzichtet.

	○ Das Inserat fällt gegenüber anderen, gleich großen Inseraten stark auf. ○ Die wichtigste Botschaft wurde in der größten Schrift gesetzt. ○ Der Text wiederholt NICHT den Inhalt des Bildes.
Falls Sie Ihr Inserat selbst gestalten: Das Druck-pdf sollte …	○ mindestens 300 dpi haben. ○ in CMYK-Farbmodus erstellt worden sein. ○ in der entsprechenden Größe erstellt worden sein.
Ich habe den fertigen Inseratentwurf in eine Zeitungsseite montiert und …	○ ihn auf Lesbarkeit und schnelles Verständnis geprüft. ○ seine Wirkung mehrfach überprüft. ○ bin auch nach einigen Tagen noch immer von ihm überzeugt. ○ jemanden, der NICHT in seine Erstellung involviert war, um eine Meinung gefragt. ○ diese Person (oder auch mehrere) um Überprüfung aller Inhalte (auf Vollständigkeit, Fehlerlosigkeit und gute Lesbarkeit) gebeten.
Rechtliches:	○ Ich besitze die Veröffentlichungsrechte an allen Elementen (vor allem am Bild bzw. an den Bildern). ○ Es bestehen keine rechtlichen Bedenken gegenüber dem Inhalt des Inserates. ○ Ich verwende keine Elemente, die fremde Markenrechte verletzen könnten (z. B. „Simply Red", „Wein-Oscar").
Produktionsfragen:	○ In welcher Ausgabe will ich schalten? ○ Wann ist Redaktionsschluss? ○ Wann brauche ich das Inserat wirklich? (_____) ○ Habe ich eine Schlupfzeit eingeplant (falls etwas schief geht)?

7. Meine Verkaufsräume

7.1 Mein Kostraum

„So wie der Wein selbst nicht nur mit einem Sinn erfasst wird, sondern mit fünfen, spricht auch ein Kostraum alle Sinne an". Die Atmosphäre des Kostraums ist nicht zu unterschätzen und es wirken nicht nur die Seiten, die bewusst gestaltet wurden, sondern auch jene, die einfach da sind. Also wird es Zeit, dass Sie sein Wirken selbst in die Hand nehmen!

Wohlfühlen als Haupt-„Argument"

Das Wichtigste ist, dass sich Ihre – gegenwärtigen und zukünftigen – Kunden wohl fühlen. Dieses Gefühl wirkt direkt auf die Kaufabsicht und vor allem auf die Entscheidung, Stammkunde zu bleiben oder zu werden. Je wohler sich Ihre Gäste fühlen, desto mehr werden Sie sich auf Ihre Weine einlassen. Lassen Sie Ihre Besucher also vor allem nicht frieren!

Harmonie ist nicht nur für den Wein wichtig

Wenn Sie sich mit den Fragen der Checkliste beschäftigt haben, sollten Sie schließlich überlegen, ob Ihre gestalterischen Ideen miteinander harmonieren. Genau wie beim Wein gilt: Einzelne Komponenten, die „aufregend" gelungen sein mögen, müssen zusammenpassen, damit er wirklich mundet. Externe Unterstützung ist oft sehr nützlich und hilft vor allem, am richtigen Fleck zu sparen. So kann das für den Kostraum vorgesehene Budget zielgerichtet und konzentriert für jene Maßnahmen eingesetzt werden, die tatsächlich den Verkauf fördern. Eine gute, preisgünstige – und „sanfte" – Alternative zur Innenarchitektur bietet eine Einrichtungsberaterin wie jene, die mit mir gemeinsam über den Kostraum nachgedacht hat, Nora Horvath: „Farben haben ein Aroma. Sie können süß oder bitter, komplex wie Kräuter oder klar wie Wasser sein."

Die Checkliste ist den fünf Sinnen entsprechend in fünf Fragengruppen aufgeteilt:

Checkliste zur Kostraumgestaltung

Überlegung:	Antwort(en), checked!
Tastsinn:	○ Es ist behaglich warm. ○ Man sitzt bequem. ○ Die Materialien, die die Kunden berühren, sind haptisch (= den Tastsinn betreffend) angenehm, das heißt nicht zu rau, zu glatt, angenehm warm.
Geruchssinn:	○ Der Raum riecht neutral – neutral genug, um den Wein zur Geltung zu bringen. ○ Wenn Materialien oder Dekoration duften, ist der Geruch angenehm und zurückhaltend und beeinträchtigt die Verkostung nicht.
Geschmackssinn:	○ (Siehe vor allem unter „Geruchssinn") Der Geschmackssinn hängt – Winzer wissen das – mit dem Geruchssinn zusammen. Dieser ist, entwicklungsgeschichtlich betrachtet, unser ältester. Er schafft eine direkte Verbindung mit dem Stammhirn – direkt zu den Gefühlen! Das begründet auch den Erfolg guten Weines.
Gehörsinn:	Die Raumakustik: ○ Es hallt nicht. ○ Man kann sich gut verständigen, auch wenn leise gesprochen wird. ○ Die Nebengeräusche (Kühlung, Heizung, Betriebsgeräusche von außen, Straßenlärm) stören nicht. ○ Die Musik (wenn es eine gibt) ist angenehm zurückhaltend.
Gesichtssinn:	○ Es gibt am Verkostungstisch ausreichend weiße Flächen, um die Farbe des Weines zu sehen. ○ Die Farben und Muster im Raum passen zueinander. ○ Die Farben und Muster passen zum CD.

- ○ Der Raum ist nicht aufdringlich, sodass der Wein im Vordergrund steht.
- ○ Was ist der erste Blickfang?
- ○ Der erste Blickfang ist gewollt.
- ○ Der Wein ist gut präsentiert.

7.2 Meine Homepage

„Das Internet hat die Welt verändert". Es wurde mittlerweile für viele Menschen zum täglichen Werkzeug, für Journalisten und Händler auf der ganzen Welt und für Ihre Kunden, die Wein bestellen möchten. Achten Sie daher bei der Erstellung Ihrer Website nicht nur darauf, die richtige Stimmung zu transportieren, sondern vor allem anderen auch darauf, dass alle wichtigen Informationen leicht zu finden sind. Nichts ist ärgerlicher, als sich knapp vor dem Ziel zu wähnen und dann enttäuscht zu werden und das Gesuchte nicht zu finden. Neben einer guten Gestaltung der Website und guten Texten sollten daher vor allem jene Informationen zur Verfügung stehen, nach denen mit großer Wahrscheinlichkeit gesucht wird:

– Vorname und Nachname: werden oft vergessen – ist aber wichtig: für Ihre Kunden und für Presseleute
– Geschichte des Weingutes
– Nahende Veranstaltungen
– Komplette, aktuelle Weinliste: Wenn Sie aus textgestalterischen oder anderen Gründen zu Ihren Weinen keine Werte schreiben wollen, stellen Sie einen Link dazu, der zu den wichtigsten Informationen führt.
– Weinbeschreibungen. Jeder Wein aus dem aktuellen Sortiment sollte beschrieben sein. Gerne gesehen sind auch Speiseempfehlungen.
– Auszeichnungen: wenn vorhanden – unbedingt erwähnen.
– Riedenbeschreibungen: Vor allem dann, wenn Einzellagenweine angeboten werden.
– Fotos zum Download: Bieten Sie druckfähige Fotos mit mindestens 300 dpi Auflösung zum Downloaden an. Beachten Sie Copyrights!
– FREIGESTELLTE WEINFLASCHEN SIND EIN MUST!

- Pressebereich: Journalisten suchen zuerst im Pressebereich. Stellen Sie dort hinein, was bereits in Medien über Ihr Weingut veröffentlicht wurde, sowie Ihre eigenen Presseaussendungen.
- Impressum und Kontakt – sogenannte „Pflichtbereiche": Es gibt eine gesetzliche Pflicht zur Führung eines Impressums, in dem der Herausgeber (Ihr Weingut) und die Webdesigner mit Name, Adresse und Kontaktmöglichkeit genannt werden.

Checkliste zur Websitegestaltung

Überlegung:	Antwort(en), checked!
Namen:	○ Vor- und Zuname
Geschichte des Weingutes:	○ Entstehungsgeschichte ○ Generationenwechsel ○ Veränderungen
Veranstaltungen:	○ Zeit ○ Ort ○ Anlass ○ Eintrittspreis (wenn ein solcher verlangt wird)
Weinliste mit den wichtigen Informationen:	○ Rebsorte bzw. Cuvéepartner ○ Alkoholgehalt ○ Riede (wenn Einzellagenwein) Interessant ist zusätzlich oft: ○ Zucker in Gramm ○ Säure in Promille ○ Lesedatum ○ Ausbau ○ Besonderheiten in der Produktion
Weinbeschreibungen: Sensorik	○ In der Nase ○ Am Gaumen ○ In Struktur, Textur etc. ○ Im Abgang ○ Wie ist seine Sortentypizität ○ Weitere Auffälligkeiten ○ Speisenbegleiter zu …

Auszeichnungen:	○ Wichtige Auszeichnungen und Bewertungen
Riedenbeschreibungen:	○ Name ○ Ausrichtung (Südhang) ○ Kleinklimatische Besonderheiten ○ Bodenbeschaffenheit ○ Historisches (z. B. erstmalige Erwähnung) ○ Für welche Rebsorten eignet sich die Riede besonders und warum
Fotos:	○ Flaschenfotos, „freigestellt" (ohne Hintergrund) in ganz einfacher Darstellung, direkt von vorne, mit gut lesbarem Etikett ○ Stillleben – Flaschen plus Glas oder ähnlichen Accessoires ○ Portraitfotos des Winzers/der Winzerin ○ Landschaftsaufnahmen ○ Riedenfotos ○ Bilder vom Weingut (Haus und Hof, Produktionsstätte) ○ Etiketten (als Foto oder als hochauflösender Scan)
Pressebereich:	○ Pressestimmen (eingescannt) ○ Presseaussendungen
Impressum und Kontakt:	○ Impressum: Weingut und Webdesign ○ Kontakt: Name, Telefonnummer, E-Mail-Adresse

7.3 Mein Online-Verkauf

„Heute gehen bereits 70 % aller Österreicherinnen und Österreicher online." Bei den 16- bis 34-Jährigen sind es schon 88 % und es werden immer mehr. 36 % nutzen das Internet für private Käufe, auch dieser Anteil wächst laufend. Besonders höhere Einkommensschichten kaufen gerne übers Web. (IKT-Erhebung, Statistik Austria). Wer beim Surfen Lust auf Ihren Wein bekommt, sollte ihn daher gleich per Mausklick bestellen können. Allerdings bedeutet dies auch, dass die Ab-Hof-Preise Ihrer Produkte sichtbar werden.

Bestellung per E-Mail

Eine sehr einfache Variante des Verkaufs über das Internet bietet die Bestellung per E-Mail. Sie hat den Vorteil, dass Ihre Kunden kein Registrierungsprozedere durchlaufen und damit keine Hemmschwelle überwinden müssen. Als Zahlungsmodalitäten haben sich Vorkasse sowie Nachnahme, die allerdings den Kunden Zusatzkosten verursacht, etabliert. Bei Stammkunden sollten Sie daher auch Überweisungen im Nachhinein akzeptieren, weil dadurch keine Zusatzkosten entstehen und die Weine rascher bei Ihren Kunden sind. Die Versandkosten sollten für unterschiedliche Packungsgrößen angegeben werden. Besonders kundenfreundlich ist es natürlich, ab einer gewissen Bestellmenge keine zu verrechnen.

Bestellung im Online-Shop

Da es für die Erstellung kleiner Online-Shops mittlerweile leistbare Standard-Software gibt, ist auch dies eine überlegenswerte Variante des Verkaufens. Ein Online-Shop wirkt professionell und Sie erhalten darüber hinaus Daten für Ihre Kunden-Adressdatei. Allerdings sollten Sie die Daten für die Übertragung verschlüsseln, um Datensicherheit zu garantieren. Auch wenn Sie keine Bankdaten verlangen, alle persönlichen Daten sollten geschützt sein. Der Warenkorb, mit dem Online-Shops arbeiten, hat einen großen Vorteil: Im Gegensatz zur Bestellung per E-Mail lässt sich das Kaufen besser ins Surfen integrieren: gustieren, bestellen und wieder zurück zum Gustieren ...

Checkliste zum Online-Shop

Überlegung:	Antwort(en), checked!
E-Mail oder Online-Shop?	○ Für meinen Betrieb ist Bestellung per E-Mail ausreichend. ○ Ich erstelle meinen Online-Shop selbst. ○ Ich beauftrage eine Firma/eine Person mit der Erstellung eines Online-Shops.
Online-Shop:	○ Ich habe einen ausreichenden Überblick über das Angebot von Standard-Software. ○ Die Software meiner Wahl entspricht meinen finanziellen Vorstellungen.

	○ Die Software entspricht meinen PC-Kenntnissen. ○ Ich habe die Zeit, einen Online-Shop einzurichten und zu warten. ○ Ich beauftrage jemand mit der Erstellung und habe mindestens drei Kostenvoranschläge eingeholt.
Sprechen die Produkte ausreichend für sich?	○ Es gibt von jedem Wein ein professionelles Foto. ○ Es gibt von jedem Wein eine sensorische Beschreibung. ○ Es gibt zu jedem Wein die wichtigsten Daten (Flaschengröße, Alkohol, Säure, Zucker). ○ Es gibt zu jedem Wein einen Preis.
Ab welcher Bestellmenge verkaufe ich online?	○ Ab ... Flaschen ○ Ab einem Bestellwert von ...
Ist der endgültige Rechnungsbetrag für die Kunden ersichtlich?	○ Die Rechnung beinhaltet den Gesamtpreis für den Wein. ○ Die Rechnung beinhaltet den Betrag für den Versand.
Wie kommen die Weine an ihr Ziel?	○ Ich bringe die Weine selbst zu meinen Kunden (ein Mal pro Monat/Woche). ○ Ich habe eine Preisübersicht über den Weinversand (Post, DPD, ...). ○ Angaben über die Lieferzeiten sind auf der Website/im Online-Shop vorhanden. ○ Die Waren sind beim Transport versichert/nicht versichert. ○ Es gibt die Möglichkeit von Geschenkverpackungen.
Welche Art der Bezahlung wähle ich?	○ Vorauskasse (Nachteil der Zeitverzögerung, bis der Wein beim Kunden ist) ○ Nachnahme

	○ Rechnung (nur bei Stammkunden empfehlenswert) ○ Bankeinzug und Kreditkarte – für kleine Betriebe nicht empfehlenswert
Gesetzliche Bestimmungen:	○ Meine gewählte Verkaufsform entspricht dem E-Commerce-Gesetz.

8. Meine Pressearbeit

8.1 Meine Journalisten-Datei

„Presseleute erhalten zwar eine Menge Post, von Winzern ist jedoch noch immer nicht allzu oft etwas dabei". Eine Chance, die Sie nützen sollten. Sie haben doch sicher viel zu erzählen über Ihren Wein, Ihren Betrieb, eine Auszeichnung oder eine Veranstaltung. In diesem Sinne bedeutet Reden – oder auch Schreiben – Gold. Wenn Ihre Pressemeldung im richtigen Posteingang landet, ist schon viel gewonnen. Ihre Zielgruppe ist in den letzten Jahren tüchtig gewachsen: Wein ist mittlerweile ein Lifestyle- und Genussthema geworden; Sie müssen nicht nur an Fachzeitschriften denken, sondern weit darüber hinaus. So wird in der Frauenzeitschrift eine Empfehlung zum Menü gegeben, im Sportmagazin werden die edelsten Tropfen porträtiert, in der Tagespresse finden sich Tipps für kleine Weinreisen und im Radio hört man vermehrt Genuss-Features.

Presseleute haben Namen

Ihre Post muss auf jeden Fall im richtigen Brieffach landen. Ein E-Mail an die Office-Adresse mit der Bitte um Weiterleitung hat diese Chance unter Garantie nicht.

Bauen Sie daher Schritt für Schritt eine sorgfältige – und laufend gewartete – Adressdatei aus. Journalisten, die Sie bereits kennen, gehören unbedingt in Ihre Adressdatei. Bitten Sie um eine Visitenkarte. Nützen Sie Messen und Events, um Visitenkarten von Presseleuten zu sammeln. Wenn Ihnen der richtige Ansprechpartner eines Mediums nicht bekannt ist, rufen Sie einfach in der Redaktion an und erkundigen sich nach dem Weinexperten oder der Genussredakteurin. Oft ist das nicht nur eine Person – Wein kann für verschiedene Redaktionen interessant sein: Genuss, Reisen, die Farbbeilage ...

Der persönliche Kontakt

Am besten rufen Sie an, wenn Sie etwas zu erzählen haben. Lassen Sie sich mit der richtigen Person verbinden und stellen Sie sich und Ihre Veranstaltung oder auch Ihren Wein mit der aktuellen

Auszeichnung vor – und schon sind Sie nicht mehr nur ein Name, sondern eine Stimme. Und die Chance, dass Ihr E-Mail gelesen wird, Ihr Brief nicht in der „Rundablage" landet, ist wieder etwas größer geworden.

Checkliste zur Journalisten-Datei

Überlegung:	Antwort(en), checked!
Welche Medien sollen in meiner Datei vertreten sein?	○ Fachzeitschriften ○ Genusszeitschriften ○ Lifestyle-Zeitschriften ○ Sportmagazine ○ Frauenzeitschriften ○ Kundenmagazine (z. B. Diners Club, Visa) ○ Veranstaltungsmagazine ○ Regionale Zeitungen ○ Tageszeitungen ○ Fachbeilagen von Tageszeitungen ○ Radio ○ Fernsehen ○ Online-Zeitschriften
Habe ich bei allen die richtigen Ansprechpartner?	○ Redaktion ○ Name ○ Telefonnummer ○ Adresse ○ E-Mail-Adresse ○ Persönlicher Kontakt
Habe ich meinen Ansprechpartner bereits in die Datei eingewartet?	○ Redaktion ○ Name ○ Telefonnummer ○ Handynummer ○ Adresse ○ E-Mail-Adresse
Ist mein Ansprechpartner in der Datei richtig kategorisiert?	○ Kategorie „Presse"

Wird die Datei laufend gewartet?	○ Die Datei wird laufend gewartet. ○ Einmal im Jahr wird die gesamte Datei überprüft.

8.2 Meine Presseaussendungen

Ihre Meldung ist nicht die einzig interessante Information im Postfach des Redakteurs. Journalisten erhalten täglich Hunderte von Pressemitteilungen. Wenn Sie sich an ein paar Regeln halten, erhöhen Sie die Chance, Ihren Namen bzw. Ihren Wein in einem der von Ihnen gewünschten Medien zu finden.

Mit Ausdauer zum Ziel

Die größte Hürde liegt zu Beginn darin, überhaupt wahrgenommen zu werden. Das geschieht nicht nach Ihrer ersten Meldung, auch nicht nach der zweiten. Erst wenn Ihr Ansprechpartner regelmäßig von Ihnen hört oder liest, überschreitet Ihre Meldung die Wahrnehmungsschwelle. Dann erhält sie im Durchschnitt zehn Sekunden – das ist die Zeitspanne, innerhalb der entschieden wird, ob sie interessant ist oder nicht. Daher gilt als eine der Grundregeln: Teilen Sie sich nur mit, wenn Sie etwas zu sagen haben und machen Sie davon die Frequenz abhängig: Lieber weniger und dafür spannend und kontinuierlich.

Machen Sie sich interessant

Ihre Presseaussendung sollte immer etwas erzählen. Über Ihren neuen Wein „xy", Ihren renovierten Kostraum, die aktuelle Auszeichnung für Ihren Wein „xy", die köstliche Kombination von Käse zu Ihrem Wein „xy", Ihre geplante Veranstaltung etc. Eine Meldung über den frisch abgefüllten Jahrgang des Weingutes ist weniger spannend, denn der Neuigkeitswert ist bescheiden, da es jedes Jahr bei allen Weingütern den neuen Jahrgang gibt. Denken Sie bei der Planung Ihrer Presseaussendung darüber nach, welche Informationen Ihr Ziel-Journalist brauchen könnte. Gestaltet er einen wöchentlichen Weintipp in einer Tageszeitung? Dann schicken Sie ihm eine kleine Presseaussendung zu einem bestimmten Wein samt Kostnotiz. Schreibt sie für eine Fachzeitschrift? Dann wird sie auch an Informationen über Ihre Weinbauphilosophie interessiert sein. Und der Redakteur der Architekturseite ist vielleicht für einen Cross-Over-Beitrag zum Thema Bauen und

Wein zu gewinnen. Überlegen Sie bei ihrer Pressemeldung immer:
WER soll WO WAS schreiben.

Checkliste zur Presseaussendung

Überlegung:	Antwort(en), checked!
Was möchte ich mit meinen Presseaussendungen mitteilen?	○ Neues über einen bestimmten Wein ○ Neuerungen am Weingut (Ausbau, Umstellung auf Bio, CD, Kostraum etc.) ○ Erhaltene Auszeichnung(en) ○ Anlassbezogen (Weihnachten, Ostern, Valentin etc.) ○ Empfehlung von Kombinationen (Wein „xy" zum Heringsschmaus, zu bestimmtem Käse etc.) ○ Veranstaltung (siehe Kapitel 9, Seite 71)
Wie häufig möchte ich Pressemitteilungen versenden?	○ ein Mal im Monat ○ Alle 2 Monate ○ Vierteljährlich ○ Halbjährlich
Habe ich einen Jahresplan erstellt?	○ Ja – mit Termin und Thema
E-Mail oder Post?	○ Per E-Mail versende ich … ○ Per Brief versende ich …
Sende ich Beilagen mit?	○ Ich habe Fotos, die ich mitsenden möchte. ○ Die per E-Mail mitgesendeten Fotos habe ich auf Web-Größe verkleinert. ○ Eine Einladung zur Veranstaltung ist in der Beilage.
Möchte ich Kostmuster anbieten?	○ Ja – Hinweis auf Zusendung eines Kostmusters auf Wunsch ist enthalten.

8.3 Mein Pressetext

Eine gute Presseaussendung weckt Interesse, ist kurz, informativ, verständlich und attraktiv. Die passende Formel dazu lautet „KISS": Keep It Short and Simple. Und machen Sie es den Redakteuren leicht, nehmen Sie ihnen Arbeit ab: Formulieren Sie am besten so, dass einzelne Passagen direkt übernommen werden können. Bitte denken Sie daran, dass Pressearbeit vor allem Dienstleistung an Journalistinnen und Journalisten ist. Gute PR kostet wenig und bringt viel – weit mehr, als der Platz, in dem etwas gedruckt oder gesendet wird, auf Anzeigenraum umgerechnet kosten würde. Denn PR wirkt weit glaubwürdiger als Werbung.

Ein kleiner Einschub zum Thema Journalistenbetreuung: Seien Sie für Presseleute leicht erreichbar oder rufen Sie rasch zurück. Senden Sie umgehend das gewünschte Material. Presseleute sind fast immer unter Zeitdruck. Manchmal entscheiden Stunden oder sogar Minuten, ob Ihr Wein beschrieben wird oder doch ein anderer.

Das Beste zuerst
Die Aufmerksamkeit aller Leser – auch die der Presseleute – ist am Anfang des Textes am größten. Diese Tatsache sollten Sie nützen, machen Sie Ihre Hauptaussage gleich zu Beginn: mit Ihrem Haupttitel und dem ersten Satz. Und wichtig: keine langen Schachtelsätze, keine komplizierten Fremdwörter, Sätze mit maximal 15 Wörtern. Im Mittelteil bringen Sie Ihre Informationen, machen Lust auf Ihren Wein, Ihre Veranstaltung, motivieren die Presseleute, über Sie zu schreiben. Am Ende des Textes platzieren Sie Daten und Zusatzinformationen.

Wenn Sie Ihren Text fertig haben, lesen Sie ihn noch einmal durch und versetzen Sie sich in eine andere Person. Ist er schlüssig? Ist er auch für Menschen, die Sie, Ihre Weine, Ihre Weinphilosophie nicht kennen, verständlich? Ist die Information, die Sie vermitteln wollten, enthalten – ohne sich Fehlendes dazu denken zu müssen?

Checkliste zum Pressetext

Überlegung:	Antwort(en), checked!
Wie ist meine Presseaussendung aufgebaut?	○ Es gibt einen Haupttitel. ○ Der Titel weckt Interesse. ○ Es gibt Zwischenüberschriften. ○ Der Text ist in Absätze gegliedert. ○ Die wichtigsten Informationen stehen am Beginn. ○ Die Presseaussendung per Brief ist maximal zwei A4-Seiten lang, besser kürzer. ○ Die Presseaussendung per E-Mail ist maximal eine Seite lang.
Was muss ich beim Text beachten?	○ Die Formulierungen passen zu meinem Weingut/zu meinem Wein. ○ Der Text ist durchgängig in der dritten Person geschrieben. ○ Der Text ist verständlich – auch für Nicht-Weinfachleute. ○ Textpassagen können gut 1:1 übernommen werden. ○ Er enthält keine Angaben wie „gestern" oder „morgen", sondern das Datum. ○ Der Text enthält keine Fehler (Tippfehler, Rechtschreibfehler).
Sind alle wichtigen Informationen enthalten?	○ WER ist der Absender – Weingut mit Namen, Adresse, Telefonnummer ist enthalten. ○ WAS ich mitteilen möchte, ist enthalten. ○ WANN (ist die Veranstaltung, wurde die Auszeichnung vergeben etc.)
Sind alle Fakten angeführt?	○ Name des Weines (Namen der Weine) ○ Rebsorte(n) ○ Werte (so weit Sie sie veröffentlichen) ○ Lesezeitpunkt ○ Besondere Vorkommnisse (Wetter etc.) ○ Ausbau ○ Degustationsnotiz

	○ Riedenbezeichnung ○ Riedencharakteristik (Boden, Kleinklima etc.)
Wie ist das optische Erscheinungsbild?	○ Die Aussendung entspricht meinem CD. ○ Die Aussendung ist ansprechend und übersichtlich gestaltet. ○ Bilder, Fotografien sind in den Text eingebaut.
Hinweise zum Erhalt von druckfähigem Material:	○ Freigestellte Flaschenfotos sind Pflicht! ○ Andere Bilder (Portraits, Landschaft, Keller, Haus etc.) ○ Material wird auf Re-E-Mail zugesandt ○ Material steht, auch druckfähig, zum Download auf einer Website (eventuell in einem geschützten Bereich – Presseleute bekommen einen Zugangscode)

9. Meine Veranstaltung

9.1 Was möchte ich veranstalten?

Seit einiger Zeit gebe ich in einer Tageszeitung in einer eigenen Kolumne Tipps zum Besuch von Weinveranstaltungen. Im Zuge dieser Arbeit sind mir ein paar Dinge aufgefallen: Es gibt „Hoch-Zeiten", in denen sich eine Veranstaltung an die andere reiht und dann wiederum Ruhe-Phasen, in denen gar nichts los ist. Das können Sie für sich ausnützen: Planen Sie Ihren Event antizyklisch, laden Sie Gäste ein, wenn wenig los ist. Es erhöht Ihre Chance auf Medienaufmerksamkeit und sehr wahrscheinlich die Zahl Ihrer Besucher und Besucherinnen.

Aufmerksamkeit können auch kleine Geschichten erregen – vor allem dann, wenn Sie ein bisschen anders sind als üblich. Der „Sturm-Alarm" eines Winzers erzeugte ganz schön viel Wind: Interessierte konnten sich per E-Mail anmelden und erhielten schließlich per SMS eine Einladung zu frischem Sturm mit gekochten Erdäpfeln, direkt im Presshaus. Eine sympathische Idee und zudem nicht teuer.

Die Tore zu öffnen und zur Weinverkostung einzuladen ist ganz wichtig, aber allein zu wenig. Bieten Sie ein bisschen mehr an, machen Sie einen Besuch auf Ihrem Weingut zum Erlebnis. Das kann eine kleine Wanderung durch den Weingarten samt Picknick in den Rieden sein, eine Führung durch den Weinkeller mit Verkostung bei Kerzenlicht, eine Aromastraße mit typischen Weindüften zum Schnuppern oder auch ein Event zum Thema Schokolade und Wein.

Ihre Stammkunden werden sich geehrt fühlen, wenn Sie auch zu Feiern in persönlicherem Rahmen eingeladen werden und die Gelegenheit zu einer ausführlichen Plauderei mit dem Winzer nützen können.

Gefahren des Presse-Events

Presseleute sind unberechenbar. Sie tauchen manchmal bei großen Verkostungstouren auf, dann wiederum bei einer kleinen

Hofverkostung. Erwarten Sie keinesfalls viele Journalistinnen und Journalisten, nur weil nun auch Sie einmal einen Event veranstalten. In den oben genannten Hoch-Zeiten sind für Presseleute mehrere Termine täglich keine Seltenheit. Ich habe selbst erlebt, dass ein Spitzenwinzer aus Chile zum achtgängigen Dinner ins Luxusrestaurant lud und den Abend dann mit mir und zwei Kollegen verbrachte. Und ich bin sicher, wir drei wären auch nicht gekommen, hätte sich die Presselady nicht so charmant um uns bemüht. Am besten, Sie machen eine Veranstaltung ganz allgemein und laden dazu Presseleute ein. Wenn dann niemand aus dieser Zielgruppe kommt, haben Sie den ganzen Aufwand nicht umsonst betrieben.

Checkliste zur Art der Veranstaltung

Überlegung:	Antwort(en), checked!
Was möchte ich mit meiner Veranstaltung erreichen?	○ Neukundengewinnung ○ Kundenbindung ○ Kontaktpflege mit bestimmten Zielgruppen (siehe Kapitel 1.1, Seite 5) ○ Neuerungen am Weingut vorstellen ○ Ein neues Produkt vorstellen ○ Presseleute ansprechen
Was möchte ich veranstalten?	○ Einen Event am Hof ○ Einen Event im Weingarten ○ Mit/ohne Speisen ○ Mit/ohne Kooperationspartner (Bäcker, Chocolatier, Käsemacher etc.) ○ Kleiner Kreis/größere Veranstaltung
Wie lange soll die Veranstaltung dauern?	○ Zwei bis drei Stunden ○ Halber Tag (Vormittag, Nachmittag, Abend) ○ Ganzer Tag ○ Wochenende
Was darf die Veranstaltung kosten?	○ Druckkosten Flyer/Einladung ○ Portokosten ○ Inseratschaltung ○ Bewirtung ○ Sonstiges

	○ Gesamtkosten =>	
	○ Erwartete Kosten pro Person =>	
Wann soll die Veranstaltung stattfinden?	○ Finden gleichzeitig Konkurrenzveranstaltungen statt?	
	○ Ist der geplante Termin ein Feiertag/Fenstertag zwischen Feiertag und Wochenende (ungünstig, da viele wegfahren)?	
	○ Presse-Event: Ist der geplante Termin ein Wochentag (besser!)?	
	○ Ist die Veranstaltung früh genug geplant und angekündigt? (spätestens vier Wochen vorher)	

9.2 Wen lade ich ein?

Für Ihre Veranstaltung erstellen Sie am besten eine konkrete Namensliste, die Sie rechtzeitig vor dem nächsten Termin zunächst kopieren und dann bearbeiten. Idealerweise aber haben Sie die Liste bereits auf Knopfdruck brandaktuell aus Ihrer Datenbank (siehe Kapitel 4.2, Seite 29). Nachdem Sie den Typus der Veranstaltung bestimmt haben, kommt es vor allem darauf an, Ziele zu setzen, was den Besuch des Events anbetrifft. Allem voran dient die Liste natürlich auch dazu, dass niemand vergessen wird.

Bitte erwarten Sie sich aus bestimmten Zielgruppen keineswegs zu viel Besuch, wenn Sie eine Einladung aussprechen. Presseleute oder Meinungsführer wie Politiker werden mit Einladungen überhäuft und nehmen einen nur sehr kleinen Anteil wahr. Daran kann auch wiederholtes Nachtelefonieren kaum etwas ändern. Schikanieren Sie diese Zielgruppen nicht durch zu hartnäckiges Nachrufen.

Die gute Mischung

Wer also gerade Prominente und Presseleute im Visier hat – und selbst noch nicht zu den prominentesten Vertretern der Branche zählt – sollte auf einen guten Mix achten. Denn ein reiner Presse-Event, bei dem mehr Mitglieder der Winzerfamilie anwesend sind als etwa Presseleute, kann leicht peinlich wirken. Konzipiert man stattdessen eine Mix-Veranstaltung, die auch von privaten

(Stamm-)Kunden, Vertretern der Gastronomie, Freunden, Verwandten und lokaler Prominenz besucht werden soll, stört es überhaupt nicht, wenn die anvisierte Kernzielgruppe „Presse" nur mit ganz wenigen Personen vertreten ist.

Das Verhältnis von eingeladenen Personen zu jenen, die tatsächlich erscheinen, unterscheidet sich von Zielgruppe zu Zielgruppe stark. So kommen vielleicht 80 % der Mitarbeiter, ähnlich viele Freunde und Verwandte, 40 % der Stammkunden, 20 % der Gelegenheitskunden und nur ein ganz kleiner Bruchteil der eingeladenen Prominenz oder der Presseleute. Die Anzahl der Einladungen ist diesen Verhältnissen entsprechend zu gestalten.

Checkliste zur Gästeliste

Überlegung:	Antwort(en):
Wie viele Personen sollen kommen?	○ 5 bis 10 ○ 11 bis 20 ○ 21 bis 50 ○ 51 bis 100 ○ über 100 ○ mehr als 300
Wer soll meine Veranstaltung besuchen?	○ Nur eine Zielgruppe (etwa Stammkunden) ○ Eine Besucher–Cuvée
Wie soll sich dieser Mix zusammensetzen? (in Prozent)	○ Stammkunden ○ Gelegenheitskunden ○ Händler ○ Gastronomie-Vertreter ○ Presse ○ Freunde ○ Verwandtschaft ○ Politiker und Prominente ○ Mitarbeiter

9.3 Was darf ich nicht vergessen?

Sobald Sie die zündende Idee für Ihre Veranstaltung haben, können Sie in die Details gehen. Es ist viel zu tun, aber mit umsichtiger Planung wird Ihr Event professionell über die Bühne gehen und Ihnen und Ihren Gästen Freude machen. Ganz allgemein kann gesagt werden, dass eine Checkliste, die das Thema „Veranstaltungs-Details" erschöpfend abdeckt, selbst mindestens den Umfang eines ganzen Buches hätte. Ich darf Ihnen daher dazu raten, sich selbst eine Ihrem Betrieb angepasste Checkliste zu erstellen und diese stets weiterzuentwickeln. Die besten Zeitpunkte für die Arbeit an der Checkliste sind während der Vorbereitungsphase – einfach parallel zur konkreten Arbeit am Projekt auch an der allgemeinen Checkliste arbeiten, und am Tag nach der Veranstaltung. Dann weiß man noch, was gefehlt hat –, worauf man beim nächsten Mal besonders achten soll etc.

Gemeinsam ist es einfacher
Suchen Sie sich Kooperationspartner. Vielleicht ist eine gemeinsame Veranstaltung unter dem Motto „Trocken und Süß" eine Möglichkeit: Ein Weingut im Ort lädt zur Verkostung trockener Weine, das andere zu (Trocken)Beerenauslesen. Oder Sie finden einen Käsemacher, der sein Sortiment auf Ihrem Hof präsentiert – passend zu Ihren Weinen. Vielleicht findet sich noch ein Dritter – schon tragen Sie Organisation und Kosten nicht mehr alleine. Wahrscheinlich werden Sie eher Partner mit komplementärem Angebot suchen – denken Sie in diesem Zusammenhang auch an die Vorteile, die ein Kundenaustausch mit sich bringen würde.

Für welche Art der Veranstaltung Sie sich auch entscheiden – Sie erwarten auf Ihrem Weingut eine (kleinere oder größere) Menge an Gästen. Seien Sie dafür gut gerüstet. Es sollten ausreichend Weine eingekühlt bzw. temperiert werden und genügend Gläser vorhanden sein. Wasser sollte bereitstehen (auch Leitungswasser ist in Ordnung, wenn es gut ist), darüber hinaus sollten ein paar Spuckkrüge für die Verkoster verfügbar sein; die Preislisten sollten am aktuellen Stand sein. Legen Sie Prospekte oder Flyer über Ihr Weingut auf und halten Sie Pressemappen für Journalisten bereit.

Am besten sehen Sie sich zuerst die Checkliste durch und erstellen daraufhin einen Zeitplan. Gehen Sie dabei chronologisch vor: Was sollte zwei Monate vorher erledigt sein, womit müssen Sie sich vier Wochen zuvor beschäftigen, was hat bis zu 14 Tage vor der Veranstaltung Zeit und so weiter. Bis zum Tag danach: Da berichten Sie auf Ihrer Website über Ihren Event, stellen Fotos ein. Bedanken Sie sich per E-Mail bei den Gästen, die Ihnen besonders wichtig sind, für ihr Kommen.

Checkliste zur Veranstaltungsplanung

Überlegung:	Antwort(en), checked!
Wie kündige ich die Veranstaltung an?	○ Einladung/Flyer per Brief/E-Mail ○ Inseratschaltung ○ Plakat ○ Veranstaltungskalender (z. B. www.weinausoesterreich.at, www.aufzumwein.at) ○ Presseverteiler (spätestens vier Wochen vor dem Termin) ○ Auf meiner Website
Sind auf der Einladung/Ankündigung die wichtigsten Informationen enthalten?	○ Wer ist der Veranstalter? ○ Was wird veranstaltet? ○ Wann ist die Veranstaltung? ○ Wie lange dauert die Veranstaltung? ○ Was kostet die Veranstaltung? ○ Ist eine Anmeldung notwendig? ○ Kontaktadresse mit Telefonnummer ○ Wie ist das Weingut erreichbar? (Anfahrtsplan öffentlich und per PKW)
Welche Weine sollen präsentiert werden?	○ Ein einzelner Wein ○ Eine Produktgruppe ○ Alle Weine eines Jahrgangs ○ Eine Jahrgangsvertikale
Brauche ich Hilfskräfte?	○ Ich habe/brauche jemanden zum Wein Einschenken. ○ Ich habe/brauche jemanden für die Buffetbetreuung. ○ Ich habe/brauche jemanden, der Fotos macht.

Ist mein Weingut im Ort leicht zu finden?	○ Es gibt Hinweis- und/oder Namensschilder. ○ Mein Weingut kann nicht mit einem gleichnamigen verwechselt werden. ○ Der Hof selbst hat ein Namensschild/eine Fahne oder Ähnliches.
Was brauche ich für die Veranstaltung?	○ Tische ○ Sitzgelegenheiten ○ Gläser ○ Spuckkübel ○ Verköstigung (Servietten, Brotkorb) ○ Kostlisten mit der Möglichkeit, Notizen zu machen ○ Stifte (Bleistift, Kugelschreiber) ○ Schreibunterlagen ○ Preislisten ○ Weingutprospekt ○ Dekoration

www.avbuch.at   av BUCH

Winzerpraxis: Die Reihe für Praktiker im Weinbau

Welche Varianten möglich sind, was sich bewährt hat, was neu ist und was aus der heutigen Sicht problematisch erscheint, behandelt dieses Buch.

80 Seiten, broschiert,
ISBN 978-3-7040-1851-9

€ 14,90

Wie Sie Fehler vermeiden und die richtigen Maßnahmen zur Qualitätssteigerung setzen.

80 Seiten, broschiert,
ISBN 978-3-7040-2242-4

€ 14,90

Dieser Band soll dem Praktiker eine Orientierungshilfe sein, um zu entscheiden wann eine Schönung nötig oder überhaupt durchführbar ist.

80 Seiten, broschiert,
ISBN 978-3-7040-2033-8

€ 14,90

Erzielen Sie immer höhere Qualitätsstufen bis hin zum Spitzenwein.

72 Seiten, broschiert,
ISBN 978-3-7040-2163-2

€ 14,90

Weitere Titel dieser Reihe finden Sie unter www.avbuch.at

Preise zzgl. Versandspesen/Preisänderung vorbehalten. Erhältlich auch im Buchhandel.

Österreichischer Agrarverlag: Sturzgasse 1A, A-1141 Wien,
Tel.: 0043(0)1/982 33 44, Fax: 0043(0)1/982 33 44-459, E-Mail: buch@avbuch.at

www.avbuch.at

av BUCH

ie richtige Kellertechnik

Dieses Buch spannt den Bogen von der Nutzung natürlich ablaufender Vorgänge über Sinn und Unsinn kellertechnischer Eingriffe bis hin zum Konzept der kontrollierten Minimalbehandlung. Es verbindet Theorie und Praxis, erörtert önologische Stilmittel und hinterfragt die tägliche Arbeit im Weinkeller. Ein richtungsweisender Beitrag zu aktuellen önologischen Fragen, der ganz ohne chemische Formeln auskommt.

168 Seiten, s/w, broschiert
ISBN 978-3-7040-2294-3

€ 29,90

as Standardwerk jetzt neu überarbeitet und erweitert !

Die Integrierte Produktion steht im Vordergrund dieses Buches. Die Unterschiede zum „Organisch-biologischen Weinbau" und „Biologisch-dynamischen Weinbau" werden ausführlich dargestellt. Als Lehr- und Fachbuch konzipiert, ist dieses Buch durch seinen systematischen Aufbau für Praktiker sowie für Schüler und Studenten ein unentbehrliches Standardwerk zum Thema Weinbau.

432 Seiten, durchgehend vierfarbig, broschiert
ISBN 978-3-73040-2284-4

€ 35,79

zzgl. Versandspesen/Preisänderung vorbehalten. Erhältlich auch im Buchhandel.

eichischer Agrarverlag: Sturzgasse 1A, A-1141 Wien,
43(0)1/982 33 44, Fax: 0043(0)1/982 33 44-459, E-Mail: buch@avbuch.at

www.avbuch.at

av BUCH

Ergänzte und überarbeitete Neuauflage

Schon bevor ein Schaden entsteht, kann mit dem Wissen über die richtige Versorgung von Boden un Pflanze viel für die Gesundheit der Weinrebe getar werden. Farbige Abbildungen und die genaue Beschreibung von Vorkommen, Schadbild und Bedeutung der Erreger und Ursachen erleichtern Diagnose und Auswahl der notwendigen Gegenmaßnahmen und machen dieses Buch zu einer wertvollen Hilfe für die sachgerechte Pflege des Weinbergs.

176 Seiten, durchgehend vierfarbig, broschiert
ISBN 978-3-7040-2319-3

€ 23,30

Der Praxisleitfaden für den Bio-Weinbau

Die Herausforderung für die Zukunft!
Die Top-Winzerin Ilse Maier liefert in diesem Buch eine überaus praxisnahe Beschreibung des Bio-Weinbaus unter der Prämisse, die Qualität des Produktes Wein zu optimieren. Ein Buch für praktizierende Winzer, die sich mit diesem zukunf trächtigen Thema näher auseinandersetzen möch

144 Seiten, durchgehend vierfarbig, broschiert
ISBN 3-7040-2090-1

€ 19,90

Preise zzgl. Versandspesen/Preisänderung vorbehalten. Erhältlich auch im Buchhandel.

Österreichischer Agrarverlag: Sturzgasse 1A, A-1141 Wien,
Tel.: 0043(0)1/982 33 44, Fax: 0043(0)1/982 33 44-459, E-Mail: buch@avbuch.at